Roshaan Ganief

fein gesägt!

40 Objekte mit der Dekupiersäge

HolzWerken

Widmung

Für Elsa, für Deine Hartnäckigkeit.

Dank

Mein Dank gilt meiner ganzen Familie und den FreundInnen, die seit dem ersten Tag an mich und mein Handwerk geglaubt haben. Eure bedingungslose Unterstützung und die motivierenden Worte waren das Sprungbrett, von dem aus ich höher gelangte, als ich es alleine geschafft hätte.

Ganz besonders herzlich danke ich meiner Großmutter (Mamma), die stärkste Frau, die ich kenne. Deine Stärke inspiriert mich wirklich jeden Tag von Neuem. Ich liebe Dich, Mamma.

Ich danke Marvin Marshall, meinem Lieblingsvermieter, der mir zu Anfang den Raum überließ, in dem ich nach Lust und Laune Sägemehl produzieren konnte. Du wirst für mich immer etwas Besonderes sein.

Dank an Martica Jilek, die auch bei der langweiligsten Aufgabe immer freundlich geholfen hat. Du bist so ein guter Kumpel und hast jede Routinearbeit mitgemacht.

Dank an Cam Russel und Ken Guenter, meine überaus tüchtigen und außerordentlich kenntnisreichen Lehrer am Camosun College. Sie haben mir die unschätzbaren beruflichen Fähigkeiten vermittelt, die aus mir etwas gemacht haben.

Dank an das Team von Fox Chapel, vor allem an Peg Couch, die das Potenzial erkannten und dieses Buch ermöglichten.

Abschließend geht mein besonderer Dank an Elsa Chu, das wahre Rückgrat dieses Buchprojekts. Danke für die vielen Stunden, die in die hervorragenden Schritt-für-Schritt-Fotos eingegangen sind, in das saubere Abschreiben (ganz sicher nicht meine starke Seite) meines Bleistiftgekritzels, in das Korrekturlesen und in die Koordination des gesamten Projektes. Dafür werde ich Dir immer Dank schulden.

Impressum

© 2010 für die amerikanische Originalausgabe „Simply Wood" bei Roshaan Ganief und Fox Chapel Publishing Company, Inc.

Die Mustervorlagen dieses Buches sind durch die Autorin urheberrechtlich geschützt. Der Leser ist berechtigt, für den persönlichen Gebrauch von den Vorlagen Kopien anzufertigen. Die Mustervorlagen dürfen nicht für den Wiederverkauf oder Vertrieb in jedweder Form vervielfältigt werden. Vervielfältigungen dieser Art verstoßen gegen das Urheberrecht.

Deutsche Ausgabe:
© 2012/2021 Vincentz Network GmbH & Co. KG, Hannover
„fein gesägt!"
3. korrigierte Auflage 2021

Schritt-für-Schritt-Fotos: Elsa Chu
Übersetzung: Waltraud Kuhlmann, Bad Münstereifel
Produktion: PrintMediaNetwork, Oldenburg
Printed in Europe

ISBN 978-3-86630-960-9
Best.-Nr. 9228

HolzWerken
Ein Imprint von Vincentz Network GmbH & Co. KG
Plathnerstr. 4c, 30175 Hannover
www.holzwerken.net

Das Bearbeiten von Holz und anderen Materialien mit der Feinschnittsäge (Dekupiersäge) ist von Natur aus mit dem Risiko von Verletzungen und Schäden verbunden. Autorin und Verlag übernehmen keine Garantie, dass die in diesem Buch beschriebenen Arbeitsvorhaben für jedermann sicher auszuführen sind. Autorin und Verlag übernehmen keine Verantwortung für eventuell entstehende Verletzungen, Schäden oder Verlust, seien sie direkt oder indirekt durch den Inhalt dieses Buches oder den Einsatz der darin zur Realisierung der Projekte genannten Werkzeuge entstanden. Die Herausgeber weisen ausdrücklich darauf hin, dass vor Inangriffnahme der Projekte dieselben sorgfältig geprüft werden müssen und sichergestellt sein muss, dass die jeweiligen Werkzeuge beherrscht werden.

Die Vervielfältigung dieses Buches, ganz oder teilweise, ist nach dem Urheberrecht ohne Erlaubnis des Verlages verboten. Das Verbot gilt für jede Form der Vervielfältigung durch Druck, Kopie, Übersetzung, Mikroverfilmung sowie die Einspeicherung und Verarbeitung in elektronischen Systemen etc. Die Wiedergabe von Gebrauchsnamen, Warenbezeichnungen und Handelsnamen berechtigt nicht zu der Annahme, dass solche Namen ohne Weiteres von jedermann benutzt werden dürfen. Vielmehr handelt es sich häufig um geschützte, eingetragene Warenzeichen.

Vorwort

Ich schätze Kunst in vielfältigen Formen und Medien. Besonders mag ich taktile, interaktive und am allermeisten funktionale Kunst. Deshalb liebe ich die Arbeit mit Holz und das Schaffen funktionaler Kunst für das alltägliche Leben. Sehe ich, dass jemand meine Arbeit wertschätzt, indem er sie tagtäglich benutzt, so empfinde ich aufrichtige Freude und Befriedigung.

Dieses Buch umfasst 40 Projekte, die nicht nur Spaß machen, sondern auch Befriedigung geben. 20 Projekte erläutere ich Schritt für Schritt mit Fotografien. Darüber hinaus finden Sie alternative Mustervorlagen, die Sie einfach anstelle der Projektvorlagen verwenden können. Zudem lassen sich die meisten Vorlagen für andere Projekte problemlos anpassen. Nehmen wir an, Sie möchten ein Set Wohnaccessoires herstellen, bei dem alle Teile das Orchideenmotiv aufweisen. Zwar taucht das Orchideenmotiv in diesem Buch nur beim Fotorahmen, bei der Leuchte und der Kosmetiktücherbox auf, aber wenn Sie die Vorlage auf einem Fotokopierer vergrößern oder verkleinern oder hier und da eine Linienführung geringfügig verändern, so können Sie zu einem Wandschmuck, Untersetzern, Kerzenhaltern oder anderem gelangen. Die Möglichkeiten sind endlos.

Sie werden auch feststellen, dass ich mich auf wenige Themen konzentriere, die das ganze Buch durchziehen. Es gibt Designs für Menschen, die die asiatische Ästhetik lieben, solche für diejenigen, die botanische Motive mögen, solche für die Liebhaber geometrischer Formen und auch einige gefühlsbetonte Designs, um hier nur wenige aufzuzählen. Das Buch bietet Ihnen ein breites Spektrum, um viele Dinge zu vielen Themen zu kreieren.

Den holzhandwerklichen Aspekt habe ich so einfach gehalten, dass das Buch den Einsteiger anspricht, aber ich habe auch an die fortgeschritteneren Freunde der Feinschnittsäge und Holzhandwerker gedacht und einige spannende und interessante Projekte mit aufgenommen. Ich bin sicher, dass für jeden in diesem Buch etwas dabei ist – ich hatte auf jeden Fall bei der Realisierung der Projekte viel Spaß. Ich freue mich, Ihnen meine Designs präsentieren zu dürfen. Viel Vergnügen!

Weitere Materialien kostenlos online verfügbar!
http://www.holzwerken.net/bonus

Ihr exklusiver Bonus an Informationen!
Ergänzend zu diesem Buch bietet Ihnen *HolzWerken* Bonus-Materialien zum Download an.
Scannen Sie den QR-Code oder geben Sie den Buch Code unter www.holzwerken.net/bonus ein und erhalten Sie kostenfreien Zugang zu Ihren persönlichen Bonus-Materialien!

Buch-Code: TE4982B

INHALT

Über die Autorin					6

Einführung					8

Kapitel 1: Bevor es losgeht					10

Kapitel 2: Persönliche Accessoires
    Anhänger: Schmetterling und „Unity 3"					24
    Ohrringe: Dreifachspirale und „Unity 2"					30
    Schlüsselanhänger: Elemente und keltische Triskele					34
    Lesezeichen: Chinesisches Tierkreiszeichen Ratte
    und Dream (Traum)					40
    Gürtelschnalle: Libelle und Kreise					44

Kapitel 3: Wohnaccessoires
    Untersetzer: Biene und Libelle					50
    Fotorahmen: Orchidee					54
    Fotorahmen: Kubisch					62
    Quadratischer Teelichthalter: Kubisch					64
    Quadratischer Teelichthalter: Keltischer Schildknoten					70
    Schlüsselkasten: Drache					72
    Schlüsselkasten: Bambus					80
    Akzentleuchte: Kirschblüte					82
    Akzentleuchte: Orchidee					90

    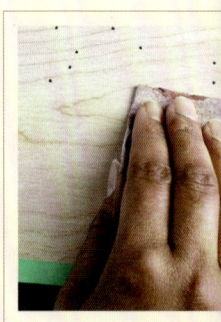

Kapitel 4: Wanddekoration

Vierteiliges Quadrat: Koi	94
Vierteiliges Quadrat: Kreise	101
Kreisrunde Kunst, eckig präsentiert: Chinesische Münze	104
Kreisrunde Kunst, eckig präsentiert: Lebensbaum	110
Wandtattoo: Blatt	112
Wandtattoo: Buddha	118
Mehrlagiger Wandschmuck: Pferd	120
Mehrlagiger Wandschmuck: Schmetterling	127
Gerahmter Wandschmuck: Grüner Mann	130
Gerahmter Wandschmuck: Göttin des Mitgefühls (Quan Yin)	138

Kapitel 5: Büroaccessoires

Stiftebox: Calla, Vogel, Kreise	142
Visitenkartenhalter: Rose und Libelle	150
Register: Kreise	156
Register: Koi	164
Kosmetiktücherbox: Kubisch	166
Kosmetiktücherbox: Orchidee	174
Magnettafel: Knoten	179
Magnettafel: Kirschblüte	183

Anhang

Kantenschleifvorrichtung	186
Vorrichtung zum Ausrichten im rechten Winkel	189
Schlitzschneidevorrichtung für die Tischkreissäge	191
Weitere Mustervorlagen für Lesezeichen	194
Stichwortverzeichnis	195

Über die Autorin

Ich heiße Roshaan Ganief. Aufgewachsen bin ich in Südafrika, im schönen malerischen Kapstadt. Als ich 17 war, zog ich mit meiner Familie in der Hoffnung auf eine bessere Zukunft nach Kanada. Plötzlich öffneten sich viele Türen, die zuvor für mich geschlossen waren.

Schon in sehr jungen Jahren war mir klar, dass ich in meinem Beruf auf jeden Fall einen künstlerischen Pfad beschreiten würde. Entsprechend entschied ich mich für eine Laufbahn im Bereich Kunst und Design. Rasch erkannte ich, dass meine Kunst nicht nur schön sein sollte, sondern auch funktional.

Vor acht Jahren stieß ich bei meinen Versuchen mit verschiedenen Medien – dazu gehörten auch Keramikarbeiten, Drucken und Bildhauerei – zufällig auf das faszinierende Medium Holzbearbeitung. Bald war ich Feuer und Flamme. Ich liebe die natürlichen Eigenschaften von Holz und dass die Arbeit mit Holz gleichzeitig eine Herausforderung darstellt und extrem interessant ist. Einige Jahre später entdeckte ich die Feinschnittsäge und verliebte mich augenblicklich in sie. Die Verbindung meiner Leidenschaft für die Holzbearbeitung und meiner Liebe zu Kunst und Design präsentiert sich Ihnen auf den folgenden Seiten.

Meine Entscheidung für diesen Weg hat sich seitdem auf vielfältige interessante Art manifestiert. Ich habe mit einem sehr talentierten Metallkünstler zusammengearbeitet, mit dem ich Teedosen und verschiedene Wohnaccessoires aus Holz als Auftragsarbeiten gefertigt habe. An verschiedenen jurierten Handwerksmessen habe ich teilgenommen, meine Arbeiten in Cafés und Galerien ausgestellt (einschließlich einer Einzelausstellung in einer Galerie in Vancouver), Kunstwerke von mir für eine Spendenauktion eines großen Krankenhauses gestiftet und eine Firma gegründet.

So viel ich konnte, habe ich mir über dieses fantastische Medium selbst beigebracht. Da man jedoch niemals auslernt, suchte ich nach Experten, die noch mehr über Holz wussten.

Ich besuchte den Kurs „Bau edler Möbelstücke" am Camosun College, einer Hochschule im malerischen Victoria in British Columbia. Kurz nachdem das Manuskript für dieses Buch fertig war, machte ich die Abschlussprüfung zu diesem Kurs und bekam ein Diplom im Bau edler Möbel sowie in den Grundlagen der Tischlerarbeit.

Heute bin ich stolz darauf, ein Unternehmen zu führen, das meine Liebe zum Holz in den Mittelpunkt stellt. Ich habe eine kleine, aber feine Werkstatt, in der ich meine Ideen entwickle und meine Kunst produziere. Am liebsten mag ich das Brainstorming mit Kunden, bei dem wir kundenindividuelle Unikate entwickeln. Als ich dieses Buch schrieb, waren meine letzten Stücke ein handgefertigtes Doppel-6er-Dominoset und eine kundenspezifische Schachtel mit verschiebbarem Deckel aus Walnussholz. Dieses Stück lag mir sehr am Herzen, da es das Ziel hatte, die Bindung zwischen einer Tochter und ihrem Vater weiter zu verfestigen. Mit Begeisterung kann ich sagen, dass Stücke von mir überall in den USA und Kanada und seit Kurzem auch international zu finden sind.

Die Arbeit mit Holz macht mir wirklich Spaß und ich hoffe, dass Ihre Liebe zu diesem Medium beim Lesen des Buches ebenfalls wachsen wird.

Besuchen Sie meine Webseiten:

Etsy Seite:
www.etsy.com/shop/mokajadedesigns

Eigene Seite:
www.mokajadewoodstudio.com

Blog:
http://insidemokajade.blogspot.com

Einführung

Die Projekte in diesem Buch sind entsprechend ihrer Verwendung in Kapitel gegliedert: Persönliche Accessoires, Wohnaccessoires, Wandschmuck und Büroutensilien. Wie bereits erwähnt, bewegen sich die Motive für die Projekte in verschiedenen Themenbereichen. Wenn Sie für Ihr Zuhause oder Ihr Büro einen einheitlichen „Look" bevorzugen, sollten Sie mehrere Stücke aus einem Themenbereich anfertigen.

Kreise

Diese Motivgruppe hat die lebensfrohe Kreisform zum Thema. Man findet das Kreismotiv im täglichen Leben häufig. Denken Sie an bunte, im Sommerwind schwebende Seifenblasen, an Schaum auf der Meeresoberfläche oder an die Form von Sonne, Mond und unserem eigenen Planeten. Der Kreis ist auch eine sehr modern wirkende Form. Das Motiv passt sehr gut in ein modernes, kultiviertes Ambiente.

- **Anhänger:** Seite 24
- **Ohrringe:** Seite 30
- **Gürtelschnalle:** Seite 44
- **Vierteiliges Quadrat:** Seite 101
- **Stiftebox:** Seite 142
- **Register:** Seite 156

Kubisch

Diese rechtwinkligen Designs erinnern an japanische Shoji-Trennwände, an Etch-a Sketch-Zaubertafeln oder gar an den Geometrieunterricht der Schulzeit. Mit dieser Motivgruppe bringen Sie Ecken und Kanten in Ihre Homedeko.

- **Fotorahmen:** Seite 62
- **Teelichthalter:** Seite 64
- **Kosmetiktücherbox:** Seite 166

Keltisch

Die Formenvielfalt keltischer Designs hat mich schon immer fasziniert. Nehmen Sie die naturnahe Note dieser Designs hinzu, und Sie erkennen den Grund, warum keltische Motive schnell zu einer meiner Lieblingsstilrichtungen wurden. Diese Projekte beinhalten Motive, die ein wenig irisches Flair in Ihr Heim bringen.

- **Ohrringe:** Seite 30
- **Schlüsselanhänger:** Seite 34
- **Teelichthalter:** Seite 64
- **Kreisrunde Kunst, eckig präsentiert:** Seite 110
- **Gerahmter Wandschmuck:** Seite 130
- **Magnettafel:** Seite 177

Asiatisch

Ich liebe die klaren Linien und die Spiritualität asiatischer Designs. Ob Sie Buddhist sind, ein Fan von Kois oder nur die chinesischen Tierkreiszeichen mögen – hier finden Sie ein Motiv für Ihr Dekor.

- **Schlüsselanhänger:** Seite 34
- **Lesezeichen:** Seite 40, 194
- **Schlüsselkasten:** Seite 72
- **Vierteiliges Quadrat:** Seite 94
- **Kreisrunde Kunst, eckig präsentiert:** Seite 104
- **Wandtattoo:** Seite 118
- **Mehrlagiger Wandschmuck:** Seite 120
- **Gerahmter Wandschmuck:** Seite 138
- **Stiftebox:** Seite 142
- **Register:** Seite 164

Insekten

Insekten sind ein wesentlicher Bestandteil unserer natürlichen Umwelt. Ich mag besonders die zerbrechliche Schönheit und Anmut der Schmetterlinge, Libellen und Bienen. Wenn Sie zu Hause einen Schmetterlingsgarten haben, Ihren Gartenteich sehnsuchtsvoll nach der ersten Libelle absuchen oder Bienen halten, so werden Sie diese „Invasion der Insekten" lieben!

- **Anhänger:** Seite 24
- **Gürtelschnalle:** Seite 44
- **Untersetzer:** Seite 50
- **Mehrlagiger Wandschmuck:** Seite 127
- **Visitenkartenhalter:** Seite 150

Botanisch

Die schöne Silhouette einer voll erblühten Rose, die strengen Linien des Bambus, die anmutigen und eleganten Blüten von Kirschbaum und Orchidee: All diese filigranen Elemente finden Sie in dieser Motivgruppe. Die Schönheit jener botanischen Wunder in Ihr Heim zu bringen, ist ganz einfach, wenn Sie Projekte mit diesen Motiven kreieren.

- **Fotorahmen:** Seite 54
- **Akzentleuchte:** Seite 82, 90
- **Schlüsselkasten:** Seite 80
- **Wandtattoo:** Seite 112
- **Stiftebox:** Seite 142
- **Visitenkartenhalter:** Seite 150
- **Kosmetiktücherbox:** Seite 174
- **Magnettafel:** Seite 183

KAPITEL 1

BEVOR ES LOSGEHT

Das folgende Kapitel soll Ihnen bei allem, was Sie zu Beginn Ihres Feinschnittsäge-Hobbys benötigen, als Ratgeber dienen. Ich gebe Ihnen wichtige Sicherheitstipps, die nicht nur für die Arbeit mit der Feinschnittsäge, sondern für holzhandwerkliche Themen im Allgemeinen gelten. Ich erläutere die wichtigsten Werkzeuge und die Grundausstattung, verbunden mit ein paar persönlichen Empfehlungen, die zu erfolgreichen Laubsägearbeiten beitragen sollen. Damit Sie Ihre Projekte ohne Unterbrechungen realisieren können, gehe ich auch auf eine Liste der Dinge ein, die man täglich in der Werkstatt benötigt. Z. B. gehören dazu Klebstoffe, Schleifpapier und Feinschnitt-Sägeblätter, eigentlich alles, was man nach einem Projekt verbraucht hat. Ferner benötigen Sie Mess- und Anreißwerkzeuge und einige wichtige Handwerkzeuge, zu denen ich eine vollständige Liste erstellt habe. Darüber hinaus zeige ich Alternativen beim Material auf und gehe auf die Unterschiede bei der Verwendung von Massiv- und Sperrholz ein. Interessante, weniger geläufige Materialen stelle ich vor, z. B. Acrylkunststoffplatten, die sich mit der Feinschnittsäge gut bearbeiten lassen, wenn man einige Aspekte wie die richtige Sägeblattauswahl und Schnittgeschwindigkeit beachtet. Ebenso erläutere ich die verschiedenen Techniken, die ich einsetze und mit denen ich erfolgreich arbeite. Ich bin sicher, dass das Kapitel „Bevor es losgeht" eine sehr nützliche Startrampe für Ihr neues Feinschnittsäge-Hobby ist. Viel Spaß beim Laubsägen!

   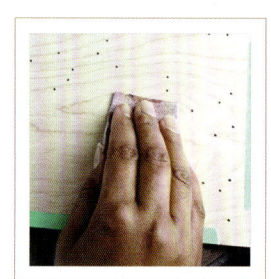 

Sicherheitshinweise

Sicherheit ist das oberste Gebot, wenn es um die Arbeit in einer Werkstatt geht. Kommen Sie in die Werkstatt eines Holzwerkers, sollte ein dort arbeitender Mensch typischerweise die folgende Schutzausrüstung tragen: eine Schutzbrille zum Schutz der Augen, eine Staub- oder Atemschutzmaske zum Schutz der Lunge und schließlich ein Paar Ohrstöpsel oder einen Kapselgehörschutz zum Schutz der Ohren. All dies ist wichtige Ausstattung zum Schutz des Holzwerkers.

Atemschutz

Gehört auch die Feinschnittsäge zu den sichersten Elektrogeräten in der Werkstatt, so gilt es dennoch, einige wichtige Sicherheitsregeln zu beachten. Das Hauptaugenmerk beim Einsatz der Feinschnittsäge muss auf der dabei anfallenden Menge Sägestaub liegen. Vielleicht merkt man die Auswirkungen nicht sofort, doch langfristig kann er ernsthafte Erkrankungen auslösen. Um sich davor zu schützen, benötigen Sie ein gutes Staubabsauge-system, einschließlich eines Luftreinigers, der ein Großteil der gefährlichen Sägestaubpartikel aus der Luft ausfiltert. Ob Sie nun ein solches System in Ihrer Werkstatt haben oder nicht: Es macht auf jeden Fall Sinn, eine gute Staubschutzmaske gegen Schwebeteilchen zu tragen.

Augenschutz

Ein weiteres wesentliches Sicherheitsproblem ist die Möglichkeit umherfliegender Holzteilchen, die auf Augen oder Gesicht treffen können. Es ist daher wichtig, in der Werkstatt ständig Augenschutzbrillen zu tragen. Entweder benötigen Sie eine spezielle Korrektionsschutzbrille, was etwas teurer werden könnte, oder aber eine Überbrille – eine einfache, aber kostengünstige Lösung. Wie der Name bereits vermuten lässt, können Sie diese Überbrille bequem über Ihrer Korrektionsbrille tragen. Ihr Augenschutz sollte darüber hinaus bei der Arbeit mit Maschinen wie Tischkreissägen, Drechselbänken, Oberfräsen oder anderen Maschinen, die ein hohes Holzrückschlagrisiko aufweisen, über einen Gesichtsschutzschirm verfügen. Er schützt nicht nur Ihre Augen, sondern auch Gesicht und Hals.

Gehörschutz

Die Feinschnittsäge ist keine sehr laute Maschine, dennoch wird Lärm zu einem Thema, wenn man – wie ich – lange Zeit mit der Maschine arbeitet. Tragen Sie daher ein Paar komfortable Ohrstöpsel oder einen Kapselgehörschutz mit gutem Dämpfungswert (HML-Wert). So sind Sie bei längerer Lärmeinwirkung vor allmählichem Gehörverlust geschützt.

Sicherheitsausstattung. Ehe Sie die Arbeit mit der Feinschnittsäge beginnen, setzen Sie Ihre Staubschutzmaske, Augenschutzbrille und Ihren Gehörschutz auf.

Werkzeug und Ausstattung

Weitere Schutzmaßnahmen

Zusätzlich zum Tragen der Sicherheitsausrüstung sollten Sie beim Arbeiten mit der Feinschnittsäge wachsam sein. Verwenden Sie die Maschine nicht, wenn Sie müde oder abgelenkt sind oder unter dem Einfluss von Medikamenten oder Alkohol stehen. Trennt auch die Feinschnittsäge keine Finger ab, so hinterlässt sie doch einen hässlichen Schnitt. Achten Sie daher stets auf die Position Ihrer Hände. Verzichten Sie auf herabhängenden Schmuck wie Armreifen oder Ketten und vermeiden Sie, dass lange Ärmel oder langes Haar in die Maschine gelangen. Sie können sich in den beweglichen Teilen der Maschine fangen. Um eine Überlastung der Augen und Verletzungen zu vermeiden, achten Sie beim Arbeiten mit der Feinschnittsäge oder anderen Maschinen in der Werkstatt auf gutes Licht. Am wichtigsten ist jedoch, dass Sie die Gebrauchsanweisung all Ihrer Elektrowerkzeuge vollständig lesen, damit Sie wissen, wie Sie die Maschinen warten und verwenden.

Einige Vorsichtsmaßnahmen sind auch beim Einsatz von Oberflächenmitteln zu beachten. Verwenden Sie z. B. ein Mittel aus einer Sprühdose, müssen Sie in einem gut belüfteten Raum arbeiten und einen Atemschutz mit Filterpatrone gegen organische Gase und Dämpfe tragen. Tragen Sie immer Schutzhandschuhe, vor allem wenn Sie mit Pigmentbeizen oder Farbstoffbeizen arbeiten.

Ich bevorzuge Handschuhe aus Nitril statt solchen aus Gummi oder Vinyl. Sie sind bequemer und bieten besseren Schutz gegen flüchtige Substanzen. Zudem ist Nitril sehr langlebig, reißt nicht so schnell und bekommt nicht so leicht Löcher. Es ist teurer als Gummi oder Vinyl, doch meiner Meinung nach den Preis wert.

In meiner Werkstatt setze ich verschiedene Maschinen und Werkzeuge ein. Manche benutze ich öfter als andere, doch alle haben ihren Anteil bei der Fertigstellung eines schönen handgefertigten Holzobjekts. Hinsichtlich Elektrowerkzeugen benutze ich am häufigsten die Tischkreissäge, die Ständerbohrmaschine und die Feinschnittsäge. Wenn Sie für diese drei Werkzeuge etwas mehr Geld ausgeben, wird das die Ergebnisse Ihrer Feinschnittsäge-Projekte sehr positiv beeinflussen.

Tischkreissäge

Mit einer Tischkreissäge lassen sich verschiedene Arbeitsgänge ausführen, die für ein erfolgreiches und sauber ausgeführtes Feinschnittsäge-Projekt – vor allem wenn Holzverbindungen mit hinzukommen – wesentlich sind. Man kann rechtwinklige Ecken und Kanten sägen und mit dem mitgelieferten Anschlag viele Teile mit identischen Maßen herstellen.

Ich empfehle, die beste Säge zu kaufen, die Sie sich leisten können und die zu Ihren Bedürfnissen passt. Es gibt verschiedene Arten von Tischkreissägen.

Die tragbare Kreissäge ist für den gelegentlichen Hobbyhandwerker und Heimwerker ideal. Man verwendet sie wegen ihrer kleinen Abmessungen und Transportierbarkeit auch auf Baustellen. Sie ist die billigste Variante, aber auch die am wenigsten haltbare.

Die Tischkreissäge ist eine hübsche, mittelgroße Kreissäge und für den ernsthaften Hobbyhandwerker wie für den professionellen Möbelschreiner gleichermaßen geeignet. Sie ist preiswerter als eine Formatkreissäge, dabei aber robuster als eine tragbare Kreissäge. Man hat die Vorteile beider Seiten: die Beweglichkeit der leichten, tragbaren Kreissäge und die Robustheit der schweren Formatkreissäge.

Die Format- oder Tischlerkreissäge ist eine große, feststehende Tischkreissäge, für die man mehr Raum und einen stärkeren elektrischen Anschluss benötigt als für die beiden anderen Typen. Man findet sie sowohl bei ernsthaften Hobbyhandwerkern als auch bei Profis, vor allem jedoch in der Werkstatt von Möbelschreinern.

Ständerbohrmaschine

Zwar wird die Ständerbohrmaschine manchmal unterschätzt, doch ist sie integraler Bestandteil praktisch jeden Feinschnittsäge-Projektes. Sie führt nur einen Arbeitsgang durch, diesen jedoch hervorragend. Sie ermöglicht es, saubere, senkrechte Löcher in Holz, Metall und Kunststoff zu bohren – unverzichtbar für feine Laubsägearbeiten.

Ich verfüge über eine sehr einfache Ständerbohrmaschine für die Werkbank. Rückblickend hätte ich besser etwas mehr Geld für die ein oder andere Sonderausstattung ausgeben sollen, einen bequemen Zahnstangenantrieb zur einfachen Höhenverstellung des Bohrtisches und eine eingebaute Schwanenhalslampe zur besseren Sicht. Da die Größe des zulässigen Bohrerdurchmessers bei einer Ständerbohrmaschine begrenzt ist, stellt ein Präzisionsstiftfutter ein hervorragendes Zubehör dar. Damit kann man auch kleine Bohrer in einer großen Ständerbohrmaschine sicher verwenden. Spannen Sie einfach den kleinen Bohrer in das Präzisionsfutter ein und dann das vormontierte Teil in das Bohrfutter der Ständerbohrmaschine. So verfügen Sie über eine Präzisionsmaschine für filigranste Arbeiten. Vergessen Sie nicht, die Bohrgeschwindigkeit entsprechend der Empfehlung des Bohrerherstellers einzustellen.

Feinschnittsäge

Über die Jahre habe ich verschiedene Feinschnittsägen ausprobiert – jeweils immer die beste, die ich mir gerade leisten konnte. Ich vergesse nie, nach jedem Gebrauch den Sägestaub wegzublasen oder abzusaugen. Die meisten Sägen erfordern regelmäßige Wartung, z. B. Schmierung oder den Ersatz einzelner Teile. Welche Säge Sie auch immer kaufen, lesen Sie die Gebrauchsanweisung des Herstellers sorgfältig durch. Denken Sie auch daran, das Sägeblatt immer zu entspannen, wenn die Säge nicht in Gebrauch ist.

Weitere Werkzeuge

Im Folgenden finden Sie eine Liste weiterer Werkzeuge, die Ihnen bei der Bearbeitung der Projekte aus diesem Buch nützlich sein werden. Jeweils zu Beginn eines Projektes liste ich alle erforderlichen Werkzeuge und Materialien auf. Ebenso finden Sie dort eine Schnittliste.

Elektrowerkzeuge

- Oberfräse
- Gehrungssäge
- Exzenterschleifer
- Handbohrmaschine mit Bohrern in verschiedenen Durchmessern
- Bügeleisen

Mess- und Anreißwerkzeuge

- Maßband
- Metalllineal
- Universalwinkelmesser
- Zeichendreieck
- Flachwinkel aus Stahl
- Bleistift
- Anreißahle

Handwerkzeuge

- Schraubzwingen in verschiedenen Größen
- Beitel
- Klüpfel
- Ratsche/Knarre
- Abbrechmesser
- Schere
- Heißklebepistole
- Kittmesser
- Furnierrollwalze
- Leimroller

Werkstattbedarf

In jede Werkstatt gehört zur zügigen Projektarbeit ein Sortiment immer wieder benötigter Materialien. Wenn Sie die Arbeit ständig unterbrechen müssen, um etwas einzukaufen, verlieren Sie kostbare Zeit. Sorgen Sie daher vor Beginn eines Projektes dafür, dass alle notwendigen Vorräte verfügbar sind. Ich spreche von den Artikeln, die bei der Projektarbeit verbraucht werden wie Feinschnitt-Sägeblätter, Klebstoffe, Schleifpapier, Schrauben, Nägel und Oberflächenmittel.

Klebstoffe

Ich verwende für meine Feinschnittsäge-Projekte je nach Anwendungsbereich verschiedene Klebstoffe. Gott sei Dank kann man aus so vielen Sorten auswählen!

Polyvinylacetat oder PVA-Kleber (Kunstharzkleber), auch als Dispersionskleber oder Weißleim bekannt, benutze ich am meisten. Man kann ihn einfach mit einem Leimroller verteilen, ihn als dünne Klebstofflinie auftragen und mit Wasser einfach entfernen. Er trocknet klar. Nehmen Sie jedoch kein feuchtes Tuch, um überschüssigen Kleber abzuwischen. PVA wirkt wie eine Versiegelung und verhindert, dass später Beize, Farbe oder ein Oberflächenmittel einzieht. Ich empfehle, ca. 10 Minuten zu warten und dann überschüssigen Kleber mit einem Beitel zu entfernen.

Polyurethankleber eignet sich hervorragend für Projekte, bei denen Feuchtigkeit zu einem Kriterium werden kann – beispielsweise bei Untersetzern – da es sich um einen wasserbeständigen Kleber handelt. Er bindet mit Feuchtigkeit ab, benötigt allerdings mindestens vier Stunden Andruckzeit und schäumt bzw. füllt beim Trocknen Lücken aus. Sie sollten ihn sparsam verwenden, damit er Ihnen nicht die akkurat ausgesägten Motive wieder füllt. Nur in gut belüfteten Räumen verwenden und bei der Verarbeitung zum Schutz der Haut Handschuhe tragen.

Sprühkleber eignet sich fantastisch zum Fixieren der Papiervorlagen auf Holz. Achten Sie auf eine gut belüftete Arbeitsumgebung und darauf, dass beide Klebeflächen schmutz- und staubfrei sind. Wollen Sie zwei Flächen wieder lösbar verbinden, besprühen Sie nur eine Seite. Für eine dauerhaftere Verklebung beide Seiten besprühen.

Silikonkleber benötigt man bei Projekten, bei denen Produkte aus Acryl verarbeitet werden. Bei den Projekten mit Acryl in diesem Buch müssen zwei Seiten miteinander verklebt werden. Daher benötige ich einen Silikonkleber, der sich selbst verteilt und klar abbindet. Ich verwende einen Vielzweck-Industriekleber mit dem Produktnamen E6000. Diesen Kleber verwende ich auch im Akzentleuchtenprojekt (Seite 82).

Klebstoffe. Für die Projekte in diesem Buch benötigt man verschiedene Klebstoffe.

Feinschnitt-Sägeblätter

Die Sägeblattauswahl hängt von verschiedenen Einflussfaktoren ab: Stärke und Dichte des Holzes, ob man das Holz schnell schneiden oder einen sauberen Schnitt möchte sowie von der Kompliziertheit des Werkstücks. Verwenden Sie möglichst das gröbste Blatt, das Ihnen die bestmöglichen Ergebnisse liefert. Letzten Endes hängt die Sägeblattauswahl davon ab, mit welchem Blatttyp Sie am besten zurechtkommen. Meine Empfehlung lautet, ein Sortiment unterschiedlicher Sägeblätter zu kaufen und mit den Blättern zu experimentieren.

Für welche Art Blatt Sie sich auch entscheiden, es gibt sie alle in einheitlichen Größen von Nr. 2/0 (fein) bis Nr. 12 (grob). Halten Sie sich ein breites Sortiment an Größen griffbereit, und Ihrem Erfolg steht nichts mehr im Wege. Aus einem Holzrest und durchsichtigen Plastikröhrchen habe ich eine sehr einfache, aber dennoch effektive Aufbewahrungshilfe gebaut. Bohren Sie einfach tiefe Löcher mit dem Röhrchendurchmesser ins Holz. Dann jedes Röhrchen mit Blattstärke, Blattart und Markenname beschriften und die Sägeblätter einfüllen. Das Schöne an den durchsichtigen Röhrchen ist, dass man gut erkennen kann, welche Blätter zu Ende gehen.

Schleifpapier

In diesem Buch werde ich verschiedene Arten Schleifpapier und Schleifmittel verwenden. Nicht jedes Schleifpapier ist wie das andere. Sie unterscheiden sich nach der Art des Schleifmaterials, dem Trägermaterial und der Bindung, die das Schleifmaterial auf dem Trägermaterial hält.

Aluminiumoxid-Schleifpapier verwende ich am häufigsten. Das Produkt ist besonders krümelig, was dazu führt, dass es bei Hitze oder unter Druck zu kleinen Partikeln zerbricht und dadurch immer neue Schneiden erzeugt. Daraus resultiert eine längere Lebensdauer des Schleifmittels. Es eignet sich besonders für schnelles Abtragen von Material.

Granatschleifpapier ist ein anderes gebräuchliches Schleifmittel. Es hat natürlich geformte Partikel, die nicht so krümelig sind. Ein Vorteil dieses Produktes ist, dass es nach stärkerer Abnutzung dazu übergeht, das Holz zu polieren, welches dann ein Oberflächenmittel gleichmäßiger aufnimmt. Man sollte es daher vor dem Auftragen eines Oberflächenmittels als Feinschleifmittel verwenden.

Siliziumkarbid wird üblicherweise für Nass-Trocken-Schleifpapier verwendet. Die Partikel werden dabei mit einer wasserfesten Bindung auf dem Trägermaterial gehalten. Man verwendet dieses Papier für den Zwischenschliff bei mehreren aufeinanderfolgenden Schichten von Oberflächenölen. Ich verwende Korn 600.

Sonstige Materialien

Hier finden Sie die gebräuchlichen Materialien, die Sie für sämtliche Projekte in diesem Buch benötigen werden.

- Klebestifte
- Schraubensortiment
- Holzfurnierband
- Doppelseitiges Klebeband
- Malerkreppband
- Transparentes Paketklebeband
- Handschuhe
- Schaumstoffpinsel
- Beize oder Färbemittel nach Wunsch
- Oberflächenmittel nach Wunsch
- Putzlappen oder dunkle Handtücher

Einfaches und praktisches Aufbewahrungsutensil für Feinschnitt-Sägeblätter.

Holzauswahl

Wie bei vielen Dingen ist auch die Wahl zwischen Massiv- und Sperrholz eine sehr persönliche Angelegenheit. Letzten Endes geht es darum, eine fundierte Entscheidung auf Basis von Informationen zu treffen, die man vielleicht einem einfachen Gespräch mit einem Holzwerkerkollegen oder auch nur beim Surfen dem Internet entnommen hat. Um herauszufinden, was für Sie das bestgeeignete Material ist, versuchen Sie sich vielleicht einmal an beiden Materialarten.

Sperrholz

Sie werden bald merken, dass viele Objekte in diesem Buch aus Birkensperrholz oder „furnierten Sperrholzplatten" gefertigt werden, wie sie mein weiser und talentierter Lehrer für den Bau edler Möbelstücke so eloquent bezeichnet. Sperrholz hat einige Vorteile, vor allem ist es leicht zu bekommen und auch sehr preiswert. Man kauft es schon in der fertigen Stärke und muss daher keine weitere Zeit aufs Vorbereiten verwenden. Das ist sehr praktisch, vor allem für jemanden wie mich, der gar nicht über die zum Zusägen, Schlichten und Fertighobeln eines Massivholzstückes auf die endgültige Stärke erforderliche Ausrüstung verfügt. Ich müsste entweder den Zeit- und Arbeitsaufwand bezahlen, was ca. 40 € pro Stunde und mehr kosten würde, oder ich müsste mir das vorbereitete Holz von einem Holzfachhandel schicken lassen, der mir zusätzliche Transportkosten in Rechnung stellen würde. Sperrholz kauft man zudem in großen Platten und muss also nicht kleine Massivholzstücke miteinander verbinden, um die gewünschte Tafelgröße zu erhalten. Es ist ein stabiles Material, das nur wenig oder gar nicht arbeitet, was vor allem bei Holzverbindungen gegen den Faserverlauf (wenn zwei gegenläufige Holzfaserverläufe miteinander verbunden werden, z. B. der vertikale Faserverlauf eines Tischbeins mit dem horizontalen Faserverlauf der Tischschürze) ein Problem darstellen kann.

Bei all seinen exzellenten Qualitäten hat Sperrholz allerdings auch einen gravierenden Nachteil, nämlich die unansehnliche Kante der querverleimten Furnierschichten. Zwar kann diese Kante bei einem dafür geeigneten Projekt sehr gut aussehen, aber die eigentliche Lösung besteht darin, die Kante entweder mit klebstoffbeschichtetem Furnierband, das man mit einem heißen Bügeleisen aufbügelt, oder mit dünnen Massivholzstreifen (die man jedoch auch auf die endgültige Stärke abtragen muss) zu kaschieren. Aus Bequemlichkeit entscheide ich mich dafür, die Kante mit Holzfurnierband zu verblenden. Ein weiterer Nachteil von Sperrholz liegt darin, dass man es nur in Standardstärken zu kaufen bekommt, was die eigenen kreativen Fähigkeiten in gewisser Weise einschränkt. Trifft das zu, wäre die Entscheidung für Massivholz der bessere Weg.

Sperrholz. Sperrholz ist einfach zu bekommen, reduziert die Probleme infolge des Arbeitens von Holz und man erhält es in großen Platten. Allerdings muss man für die unansehnlichen Kanten eine Lösung finden.

Massivholz

Trotz der vielen Annehmlichkeiten von Sperrholz ist auch Massivholz ein tolles natürliches Material, das eine breite Palette heimischer und exotischer Arten zur Auswahl bietet. Laubholz hat von Natur aus eine spektakuläre Maserung und Farbe, man benötigt also weder Pigment- noch Farbstoffbeize oder Farbe. Seine Kanten sind genauso attraktiv wie die Oberfläche, man muss sie daher nicht zeitaufwendig kaschieren. Allerdings ist die Richtung des Faserverlaufs zu beachten, und man muss beim Verleimen zweier Stücke bedenken, dass Holz arbeitet.

Möchten Sie auf die Laubholzoptik nicht verzichten, aber kein Vermögen dafür ausgeben, können Sie furnierte Holzplatten selbst herstellen. Leimen Sie dazu ein dünnes Laubholzfurnier auf die Ober- und die Unterseite eines Kerns. Dieser kann aus Sperrholz, preiswertem Massivholz oder mitteldichter Holzfaserplatte (MDF-Platte) bestehen.

Massivholz. Massivholz gibt es in einer Vielzahl schöner Arten. Es ist jedoch recht teuer.

Weitere Materialien

Geht es um Feinschnittsägearbeiten, ist Holz nicht das einzige infrage kommende Material. Es gibt viele fantastische Materialalternativen, vor denen Ihre Feinschnittsäge sich nicht Bange machen wird. Viele sind leicht zu finden und es gibt sie vielleicht schon in Ihrem örtlichen Schreibwarenladen. Sie können Papier mit unterschiedlichem Papiergewicht, einige Metalle, Arbeitsplatten mit einer Beschichtung aus Acryl oder einem anderen harten Material sägen, um nur einige wenige anzusprechen.

Acryl

In diesem Buch arbeite ich auch mit Acryl, einem meiner Favoriten. Es ist in vielen verschiedenen leuchtenden Farben, in Lichtdurchlässigkeiten von transparent bis opak und einer Vielzahl von Materialstärken erhältlich. Man kann damit viele wunderbare Dinge tun. Z. B. kann man weißes, mattes Acryl für ein Türblatt verwenden, um einem einfachen Schrank eine moderne Note zu geben. Mit der Feinschnittsäge lässt sich dieses Material, wenn man Sägeblatt und Geschwindigkeit richtig wählt, weich wie Butter durchschneiden. Da es jedoch eine scharfe Kante hinterlässt, müssen Sie sich bei der Arbeit in Acht nehmen.

Zinkblech

Ein weiteres Material, das ich in einem späteren Projekt verwenden werde, wird als Blech allgemein von Klempnern benutzt. Es handelt sich um Zinkblech, das Sie beim Klempnerbedarf im Baumarkt finden können. Ich säge es nicht mit der Feinschnittsäge, sondern verwende es als Hintergrundmaterial. Sie benötigen für seine Bearbeitung eine Blechschere, einen schwarzen Filzstift und Arbeitshandschuhe. In Kombination mit Holz ist das Material wunderschön und verleiht dem jeweiligen Objekt einen modernen Touch.

Finnisches Birkensperrholz

Auch wenn das nun vorgestellte Produkt aus Holz besteht, so verleiht ihm seine geringe Stärke (1 mm und 2 mm) Eigenschaften, die nicht sehr holzähnlich sind. Man kann es ohne Probleme biegen und aufrollen. Es wird finnisches Birkensperrholz genannt. Seine Kunstharzverleimung macht es wasserfest und – noch bedeutsamer – sehr biegsam. Dabei ist es überaus stabil. Da es ein Spezialprodukt ist, muss man einen lokalen Händler suchen. Falls es vor Ort keinen gibt, findet man das Material im Versandhandel. Es ist ein hochinteressantes Material, aus dem man viele kreative Dinge fertigen kann.

Weitere Materialien. Wir werden in diesem Buch mit verschiedenen interessanten Materialien arbeiten, u. a. mit Zinkblech, Acryl und finnischem Birkensperrholz.

Techniken

Jeder Holzhandwerker hat seine eigenen Techniken, mit denen er ein Projekt effizient bearbeitet. Dazu gehört die Verwendung verschiedener Vorrichtungen und Halterungen, die einzelne Schritte einfacher und angenehmer in der Bearbeitung machen. Ich verrate meine geheimen und nicht ganz so geheimen Tricks, die ein Feinschnittsäge-Projekt zu einem Erfolg machen. Beachten Sie auch meine bevorzugten Oberflächenmittel und die damit verbundenen Techniken.

Eine Vorlage vergrößern

Die meisten Wandschmuckvorlagen müssen Sie vergrößern, was manchmal eine nervtötende Patchworkarbeit bedeutet. Eine Möglichkeit besteht darin, sie in einem Copyshop auf den in der Vorlage angegebenen Prozentsatz vergrößern zu lassen. Kostenlos und einfach können Sie das auf Ihrem Computer und mit einem Multifunktionsdrucker machen. Ich scanne die Vorlage einfach ein und rufe sie mir auf den Bildschirm. Ehe ich sie ausdrucke, stelle ich meinen Drucker auf „Poster Printing" und wähle aus, wie groß und auf wie vielen Seiten ich das Bild ausgedruckt haben möchte. Meist lasse ich das Ganze auf vier Seiten ausdrucken, um mein vergrößertes Bild zu bekommen. Der Vorgang ist allerdings abhängig von Ihrem Computer, der verwendeten Software und Ihrem Druckermodell. Daraus die große Vorlage zu machen geht einfach, indem man entlang der gestrichelten Linie an einer Kante jeder Seite schneidet und sie mit Klebestift auf die zugehörige Seite klebt.

Stapelschnitt

Möchte man mehrere Teile auf einmal sägen, gibt es verschiedene Möglichkeiten, sie vorübergehend zu stapeln. Eine problemlose Variante besteht darin, die Seiten des Stapels mit Malerkreppband zu umkleben. Auch können Sie den Stapel mit einigen Tropfen Heißleim verkleben. Weitere Möglichkeiten bestehen darin, doppelseitiges Klebeband zwischen die Teile zu kleben oder den Stapel mit Nägeln zu heften. Ich stelle bei mir fest, dass ich mehrere Methoden anwende und dass die Entscheidung jeweils vom Werkstück abhängt. Benötige ich z. B. eine saubere, rechteckige Kante, wähle ich zum Stapeln die Vorgehensweise mit dem Malerkreppband. Befestige ich ein Teil an einem anderen, wie z. B. im Fotorahmenprojekt (Seite 54), verwende ich das doppelseitige Klebeband. Kommt es nicht auf eine saubere Kante an, stapele ich mit Heißleim. Ein Beispiel ist das Lesezeichenprojekt (Seite 40). Probieren Sie einfach alle Techniken aus und Sie werden feststellen, was für Sie am besten funktioniert.

Das Material vorbereiten

Bei den meisten Projekten in diesem Buch schneide ich das Material einschließlich der Rohlinge für die Vorlagen mit der Tischkreissäge auf das genaue in der Zuschnittliste vorgegebene Maß zu. Sie bietet die größte Maßgenauigkeit, was für die meisten Projekte entscheidend ist. Auch versehe ich alle Teile mit Gehrungsschnitten, bevor ich die Papiervorlagen darauf fixiere. Falls erforderlich, verwende ich eine einfache Vorrichtung zum Ausrichten (Seite 189) und staple die auf Gehrung geschnittenen Teile mit doppelseitigem Klebeband, um sie zum Sägen vorzubereiten. Ehe ich die Vorlage fixiere, schleife ich die Teile immer etwas an, damit sie besser haftet. Verwenden Sie für eine wieder lösbare Verbindung einen Sprühkleber und arbeiten Sie dabei in einem gut belüfteten Raum. Dann klebe ich noch gerne transparente Paketklebebandstreifen auf die Vorlage. Dafür gibt es mehrere Gründe. Das Band schmilzt beim Sägen etwas, wodurch das Sägeblatt geschmiert und Reibung reduziert wird. Das wiederum verhindert das Verbrennen des Holzes. Außerdem hält das Band die Vorlage, wenn sie sich infolge zu geringer Klebstoffmenge löst.

Einfädellöcher für das Sägeblatt bohren

Zum Bohren der Einfädellöcher sollten Sie immer den größtmöglichen Bohrer verwenden. Ich bohre die Löcher am liebsten möglichst nahe an einer Ecke, um die Entfernung zur Vorlagen-Schnittlinie möglichst gering zu halten und dadurch die Lebensdauer des Blattes zu verlängern. Verwenden Sie für filigrane und knifflige Projekte, für die kleine Bohrerdurchmesser erforderlich sind, in Ihrer Ständerbohrmaschine ein Präzisionsstiftfutter, wie im Abschnitt Werkzeug und Ausstattung (Seite 14) diskutiert. Beim Bohren der Löcher vermeiden Sie ein hässliches Ausbrechen des Holzes auf der Werkstückrückseite, wenn Sie ein Stück Abfallholz unterlegen. Abschließend die Werkstückrückseite ebnen, dazu Grate oder Unebenheiten infolge des Bohrens wegschleifen.

Den Arbeitsplatz einrichten

Ehe Sie die Feinschnittsäge starten und die Vorlage aussägen, müssen Sie dafür sorgen, dass alles an seinem Platz ist – es ist wie beim Einsteigen ins Auto: erst Sitz und Rückspiegel richtig einstellen.

1. Nach dem Einspannen des richtigen Sägeblattes muss die Spannung richtig eingestellt werden. Dazu zupft man das Blatt leicht und vorsichtig wie eine Gitarrensaite und spannt so lange, bis es wie ein schönes hohes „C" klingt. Eine andere Methode besteht darin, das Blatt leicht hin und her zu drücken. Die richtige Spannung ist bei einem Rückfedern von ca. 3 mm erreicht.

2. Als Nächstes prüft man, ob das Blatt rechtwinklig zum Sägetisch ausgerichtet ist. Dazu einen 50-mm-Stahlwinkel verwenden und den Tisch entsprechend korrigieren.

3. Ist mit dem Tisch alles in Ordnung, müssen Sie sich um sich selber kümmern. Stellen Sie die Stuhlhöhe so ein, dass Ihre Ellbogen bequem auf der Tischfläche ruhen.

4. Nun setzen Sie sich im 90°-Winkel vor den Tisch. Sitzen Sie nicht schief davor.

5. Entspannen Sie sich und vergessen Sie beim Sägen nicht das Atmen.

Die Vorlage aussägen

Möglichst immer erst die Innenschnitte durchführen und dann zu den äußeren Kanten arbeiten. Ebenso zuerst die kleinsten und filigransten Schnitte machen. Die größeren Ausschnitte erst zum Schluss bearbeiten – es ist besser, größere Flächen zur Stabilisierung zu belassen. Auch die Position der Hände ist wichtig. Das gilt vor allem beim Sägen filigraner Partien. Eine Hand dient als Drehpunkt, die andere führt das Werkstück. Stabilisieren Sie filigrane Partien, indem Sie sie mit einem Finger niederhalten. Merken Sie, dass diese Bereiche vibrieren und auszubrechen drohen, müssen Sie sie mit transparentem Paketklebeband fixieren.

Schleifen

Für die meisten Menschen ist Schleifen der unbeliebteste Arbeitsgang. Es kann ein ermüdender und mühsamer Prozess sein. Als Hilfe zum effizienteren und weniger unangenehmen Schleifen von Werkstücken habe ich zwei Schleifvorrichtungen entwickelt, die Sie sehr einfach nachbauen können.

Schleifen der Einfädellöcher für das Sägeblatt. Nach dem Bohren der Löcher müssen Sie die Holzrückseite schleifen, damit das Werkstück glatt auf dem Sägetisch gleiten kann.

Um die Kanten eines Werkstücks wie beim Anhängerprojekt (Seite 29) zu schleifen, habe ich eine sehr einfache Vorrichtung zum Schleifen im rechten Winkel konstruiert. Sie ermöglicht es, Werkstückkanten und -enden zu schleifen, ohne sie zu verrunden. Die Schritt-für-Schritt-Anleitungen zur Herstellung dieser Vorrichtung finden Sie im Anhang (Seite 189).

Handelt es sich um die Flächen eines kleinen Werkstücks, ist es einfacher, das Werkstück auf dem Papier zu schleifen, statt mit dem Papier das Werkstück zu schleifen. So arbeitet man wesentlich effizienter und verhindert, dass die Finger gleich mitgeschliffen werden. Sie benötigen nur ein völlig ebenes Sperrholz- oder MDF-Brett oder – am allerbesten – eine dicke Glasscheibe und Sprühkleber sowie Schleifpapier in unterschiedlichen Körnungen (ich empfehle Korn 150, 180 und 220). Alle Schleifpapierbögen auf einheitliche Größe zuschneiden und in gleichmäßigem Abstand auf das Brett oder die Scheibe legen. Die Bögen mit Sprühkleber fixieren. Nun ist es ganz einfach, in fließenden Bewegungen von Korngröße zu Korngröße zu schleifen. Mit dieser Vorrichtung kann man auch einen unebenen Boden einer Schachtel glätten.

Oberflächen behandeln

Eine schlechte Oberflächenbehandlung kann ein schönes Werkstück ruck zuck ruinieren. Doch wenn Wissen und ein wenig Experimentierfreude zusammenkommen, kann das zu außerordentlichen Ergebnissen führen.

Ich habe mich entschieden, das natürliche Aussehen meiner Laubholz-Werkstücke mit einem in das Holz einziehenden Öl wie Danish Oil zu konservieren. Eine schnelle, problemlose Art, das Öl zwischen die Ausschnitte gelangen zu lassen, besteht darin, das Werkstück in eine mit dem Öl gefüllte Alu-Grillpfanne zu tauchen. Dann das überschüssige Öl in die Pfanne zurücktropfen lassen und das Werkstück auf ein Trockengestell ablegen. Nach ca. 20 Minuten das überschüssige Öl mit einem Lappen abwischen. Danach mit in Öl getauchtem Nass-Trocken-Schleifpapier Korn 600 nacheinander schichtenweise Öl auftragen. Auf mit Pigmentbeize oder Farbstoffbeize behandelten Werkstücken verwende ich in Holz einziehende Öle nicht.

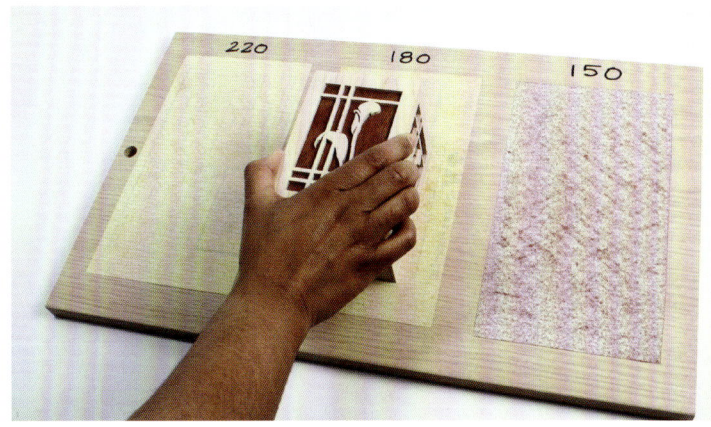

Schleifvorrichtung mit mehreren Korngrößen. Mit Sprühkleber Schleifpapier mit verschiedenen Körnungen auf ein völlig ebenes Stück Sperrholz, MDF oder Glas aufkleben. So erhalten Sie eine leicht zu handhabende Schleifvorrichtung.

Zum Kolorieren meiner Werkstücke aus Birkensperrholz verwende ich hauptsächlich wasserlösliche Farben. Danach sprühe ich eine Schutzschicht aus einem seidenmatten Oberflächenmittel auf Polyurethanbasis auf. Was ist nun der Unterschied zwischen einer Pigmentbeize und einer Farbstoffbeize? Pigmentbeizen haben feste Pigmentpartikel, die in Poren, Kratzern und Holzfehlern verbleiben und diese zusätzlich betonen. Man erhält leicht, je nach Holzart, eine unansehnliche, fleckige Optik. Farbstoffbeizen sind demgegenüber durchscheinend. Sie sättigen die Holzfasern, tönen das Holz meist intensiver und erzeugen eine gleichmäßigere Optik. Typisch für eine wasserlösliche Farbe ist, dass sie die Holzfaser aufrichtet. Man sollte daher vor dem Auftragen die notwendigen Schritte unternehmen. Es gibt nichts Ärgerlicheres, als wenn aufgeraute Fasern ein tolles Projekt ruinieren. Hat man also das Werkstück glatt geschliffen, wischt man es mit einem feuchten Lappen ab und raut so bewusst die Faser an. Warten, bis das Holz trocken ist, und dann leicht reibend mit Schleifpapier Korn 320 schleifen. Nur so lange schleifen, bis alle aufgerichteten Holzfasern entfernt sind. Diesen Arbeitsgang noch einmal wiederholen. Danach kann die Farbstoffbeize aufgetragen werden.

Ehe Sie Pigmentbeize oder Farbstoffbeize auf Ihr fertiges Werkstück auftragen, sollten Sie unterschiedliche Farben erst einmal ausprobieren. Ein gutes Verfahren besteht darin, 100 mm x 100 mm große Musterstücke aus dem Werkstückmaterial herzustellen und sie mit der gleichen Pigmentbeize, der gleichen Farbstoffbeize und dem gleichen Oberflächenmittel zu behandeln. So haben Sie auch für die Zukunft eine gute Orientierung.

KAPITEL 2

PERSÖNLICHE ACCESSOIRES

Im folgenden Kapitel erläutere ich die Anfertigung einiger witziger und flippiger persönlicher Accessoires – manche sind als Schmuck gedacht, andere können Teil Ihres täglichen Lebens werden. Ob Sie nun ein elegantes oder ein sportliches Outfit mit einem tollen Anhänger betonen wollen oder nur eine Stelle in einem Buch mit einem besonderen Lesezeichen kennzeichnen wollen – hier finden Sie das perfekte Accessoire. Benötigen Sie auf die Schnelle ein individuelles Geschenk? Was halten Sie von einer fantastischen Gürtelschnalle mit dem gewissen Etwas? Alle Teile können Sie leicht in ein paar Stunden oder noch schneller herstellen, und Sie benötigen nichts weiter als den einen oder anderen Holzrest und einige leicht beschaffbare, spezielle Eisenteile und Furnituren. Darüber hinaus bietet das Kapitel viele Extras, einschließlich projektbegleitender Übungsanleitungen. Z. B. zeige ich Ihnen Schritt für Schritt, wie Sie eine verstellbare Lederschnur für Ihren Anhänger herstellen. Ebenso erläutere ich, wie man passende Ösen für die Ohrringe und Schlüsselanhänger mit nicht mehr als einem Rundstab und einem Drahtschneider macht. Was halten Sie von einer selbst gefertigten Schablone, um Ihre Lesezeichen persönlich zu gestalten? All das finden Sie auf den nächsten Buchseiten. Auf geht's!

    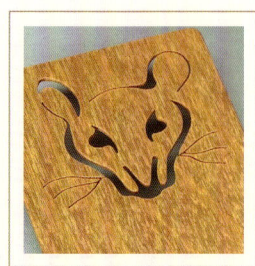

Anhänger

WERKZEUG UND MATERIAL

- Ständerbohrmaschine
- Bohrer, 1 mm und 2,5 mm Durchmesser
- Präzisionsstiftfutter
- Mini-Schraubzwingen
- Heißklebepistole
- Klebepatronen
- Transparentes Paketklebeband
- Holzleim
- Sprühkleber
- Schleifpapier (Korn 150 – 220)
- Zange
- Sägeblätter Nr. 2/0, 2, 5 (mit Gegenzähnen)
- Lederschnur
- Öse (falls gewünscht)
- Beize (falls gewünscht)
- Oberflächenmittel nach Wahl
- 3 mm dickes Walnussholz, Größe nach Wahl (groß genug für die Mustervorlage plus geringem Aufmaß)
- Leimroller

Schmetterlinge sind faszinierende kleine Geschöpfe. Ihre leuchtend bunten und elegant geformten Flügel sind ein wahres Kunstwerk, das viele von uns nachzuahmen versuchen. In diesem Projekt versuche ich, diese Schönheit in einem Anhänger einzufangen. Als Holz habe ich Walnuss gewählt, eines meiner Lieblingshölzer.

Das Motiv der Vorlagenvariante nenne ich „Unity 3". Ich habe es entworfen als Loblied auf die Familie und deren Stärke im Zusammenhalt. Es besteht aus miteinander verbundenen Kreisen und graziös verflochtenen, geschwungenen Linien, die entfernt an die menschliche Silhouette erinnern. Die Zahl 3 steht für die Anzahl der Kreise oder Familienmitglieder im Motiv. Diesen Anhänger habe ich aus stark geriegeltem Ahorn geschnitten und mit drei Schichten Danish Oil endbehandelt. Er gibt bestimmt ein tolles Geschenk für Ihre Liebste ab. Darüber hinaus zeige ich, wie man eine verstellbare Lederschnur für den Anhänger bindet. Ich arbeite mit einer Schnurlänge von 915 mm. Sie können die Schnurlänge natürlich Ihren Bedürfnissen anpassen.

Kapitel 2: Persönliche Accessoires

Vorlage für den Anhänger:
Schmetterling
Vorlage 1:1

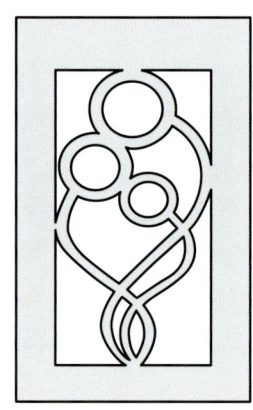

Vorlage für den Anhänger:
„Unity 3"
Vorlage 1:1

Schmetterlingsanhänger
Schritt-für-Schritt-Anleitung

1. Die Vorlage auf dem vorbereiteten Material fixieren.
Schleifen Sie die Oberseite des Holzes etwas an, damit die Vorlage gut daran haften kann. Nun die Vorlage mit Sprühkleber befestigen.

2. Die Einfädellöcher für die Sägeblätter bohren.
Man benötigt eine mit einem Präzisionsstiftfutter ausgestattete Ständerbohrmaschine oder ein Dremel Werkzeug mit Befestigungssatz für eine Ständerbohrmaschine, um damit senkrecht in das Holz zu bohren. Achten Sie darauf, Grate oder Faserausrisse auf der Rückseite wegzuschleifen oder wegzuschaben.

3. Die Vorlage von der Mitte nach außen aussägen.
Das Sägeblatt durch ein Bohrloch einfädeln und zuerst alle Innenschnitte machen. Da es sich um ein empfindliches Werkstück handelt, die Geschwindigkeit der Feinschnittsäge reduzieren und mit gleichmäßigem Vorschub sägen.

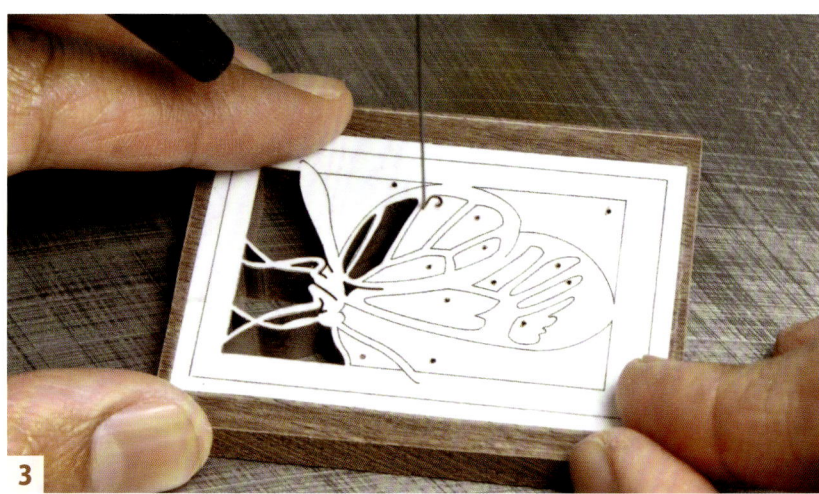

Anhänger

Halskettenideen

Ich habe verschiedenste Halskettendesigns kreiert, von denen ich hier einige zeige. Verwendbar sind auch Motive aus anderen Projekten (Schlüsselkasten mit Drachenmotiv (S. 72), Ohrring mit Dreifachspiralenmotiv (S. 30), die Sie dazu verkleinern müssen. Sie können auch eins der vorgestellten Motive verändern – das „Unity"-Motiv kann ich mir mit einer beliebigen Zahl von Elementen vorstellen. Oder versuchen Sie einmal, Ihre Anhänger mit einem andersfarbigen Holz zu hinterlegen, um sie auffälliger zu gestalten.

Drache, Ratte, „Unity", Dreifachspirale, Elemente, Pferd, langes Leben.

4. Die Kanten rechtwinklig machen.
Mit einem Sägeblatt Nr. 5 die Außenkontur des Anhängers aussägen. Dann alle Kanten des Anhängers auf einer einfachen Schleifvorrichtung (siehe Seite 186) rechtwinklig schleifen. Die Kanten müssen rechtwinklig sein, damit das Loch für die Schnur sauber fluchtet.

5. Das Loch für die Schnur anreißen.
Den Anhänger mit einer hölzernen Schraubzwinge auf einer Kante festklemmen. Dabei darauf achten, dass er eben auf der Werkbank aufliegt. Falls Sie mit Walnussholz arbeiten, reißen Sie die Kantenmitte mit einem weißen Farbstift an. Dann mit einer Anreißahle als Führung für die Bohrerspitze eine kleine Vertiefung in die Mitte drücken.

6. Das Loch für die Schnur bohren.
Nun vorsichtig mit einem 2,5-mm-Bohrer ein Loch durch die Mitte bohren. Damit der Bohrer an der Unterseite keine Ausrisse verursacht, bohren Sie das Loch von einer Kante aus nur bis zur Hälfte, drehen das Werkstück um und bohren das Loch von der anderen Kante aus fertig (auf der anderen Seite wiederum die Mitte anreißen). Dann alle Kanten des Anhängers brechen und glatt schleifen.

7. Den verstellbaren Knoten in die Lederschnur knoten.
Nach der Endbehandlung des Anhängers mit einem transparenten Oberflächenmittel Ihrer Wahl fädeln Sie die Lederschnur durch das Bohrloch und knoten einen verstellbaren Knoten (siehe Seite 28). Alternativ können Sie auch durch die Vorderseite des Anhängers ein Loch bohren und die verstellbare Schnur an einer Öse befestigen.

Einen Knoten für eine längenverstellbare Schnur binden

Dieser Vorgang sieht zu Anfang vielleicht etwas knifflig aus. Haben Sie jedoch das Prinzip einmal verstanden und etwas Übung, wird Ihnen die Kunst, einen verstellbaren Knoten zu binden, gut von der Hand gehen.

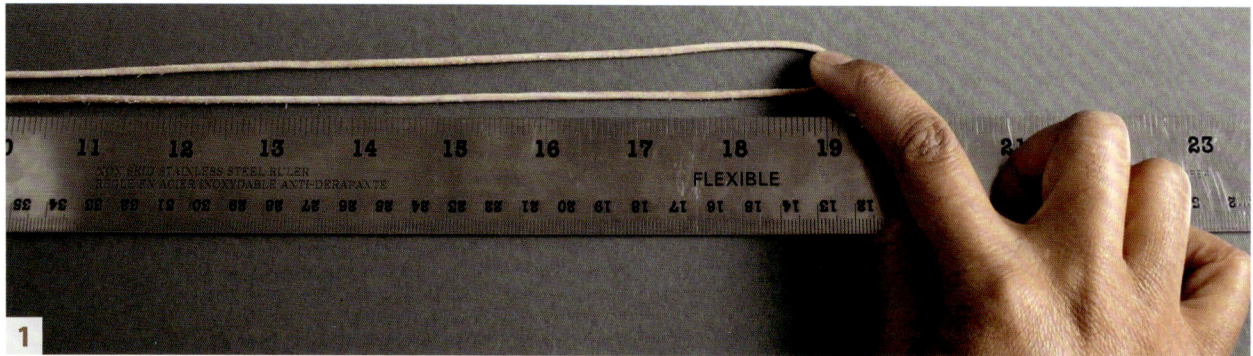

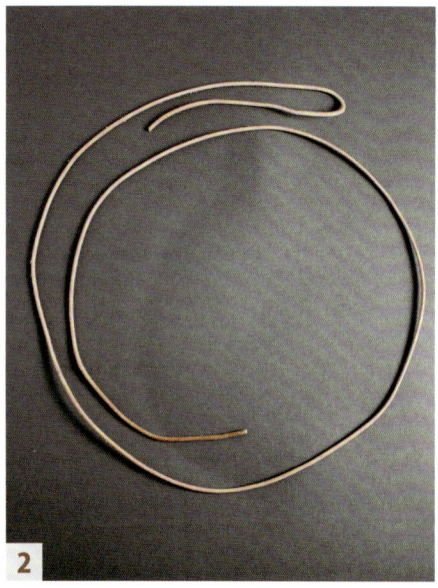

1. Die Schnur abmessen.
Sie benötigen eine ca. 710 mm – 915 mm lange Schnur. Zunächst die Schnur doppelt legen und mit einem Lineal oder Maßband die halbe gewünschte Länge abmessen. Mit Drahtschneider oder Schere abschneiden.

2. Ein Ende umschlagen.
Vergessen Sie nicht, den Anhänger auf die Schnur zu fädeln. Kommt Ihnen die Lederschnur dafür zu steif vor, können Sie sie mit Wasser anfeuchten. Nun ein Schnurende umschlagen und eine ca. 100 mm lange Schlaufe bilden.

3. Die Schlaufe mit einer Hand halten.
Das Schlaufenende, so wie in Schritt 2 abgebildet, zwischen oberer und unterer Schnurschlaufe belassen. Dabei in der einen Hand das Schnurende und in der anderen Hand die Schlaufe halten.

4. Das Schlaufenende um das Lederbündel wickeln.
Das Schlaufenende greifen und um das Lederbündel schlingen.

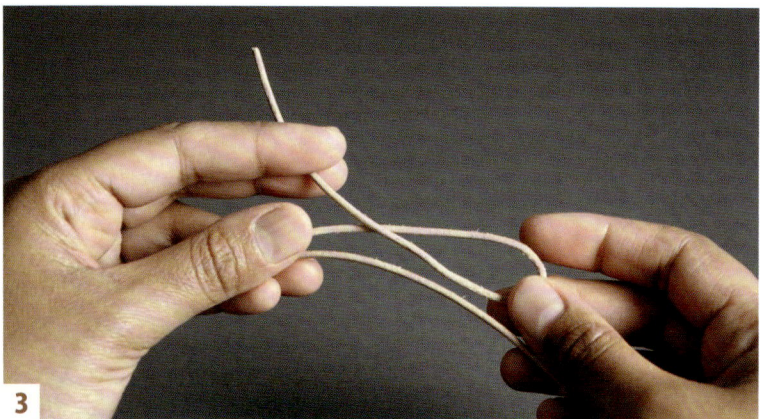
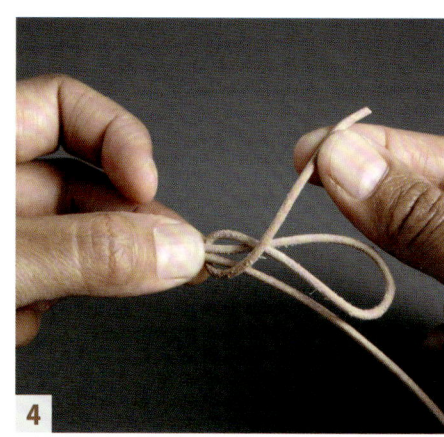

Einen Knoten für eine längenverstellbare Schnur binden

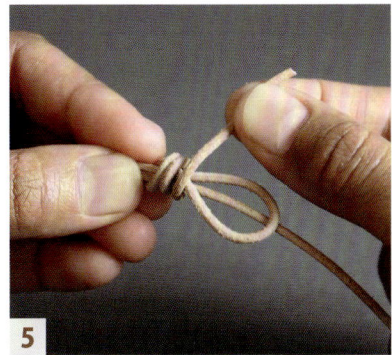

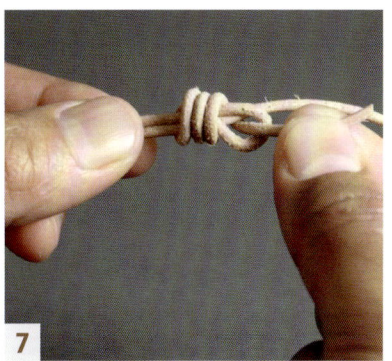

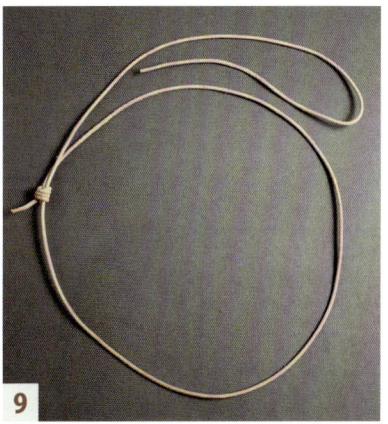

5. Weitere Schlingen wickeln.
Nun das Schlaufenende dreimal oder häufiger um das Lederbündel wickeln. Die ursprüngliche Schlaufe am Ende des Bündels belassen.

6. Das Schlaufenende durchziehen.
Zum Schluss muss das verbleibende Schlaufenende auf Sie zu zeigen. Halten Sie die Schlaufenkonstruktion fest mit einer Hand, und ziehen Sie das Schlaufenende durch die ursprüngliche Schlaufe.

7. Das Schlaufenende festziehen und die Schlingen komprimieren.
Das Schlaufenende vollständig durch die ursprüngliche Schlaufe ziehen. Gleichzeitig die Schlingen so weit komprimieren, dass sie fest, jedoch nicht so fest gezogen sind, dass man den Knoten nicht mehr verschieben kann.

8. Der erste Knoten ist fertig.
Nun sollten Sie einen sauberen Verschiebeknoten hergestellt haben, der aus mindestens drei vollständigen Schlingen besteht und dessen Schlaufenende lang genug ist, um die Schnurlänge zu verstellen.

9. Den zweiten Knoten binden.
Die Schritte 2 bis 8 am verbliebenen Ende wiederholen.

OHRRINGE

WERKZEUG UND MATERIAL

- Sägeblätter Nr. 1, Nr. 5
- Ständerbohrmaschine
- Mini-Schraubzwingen
- Schleifpapier (Korn 150 – 220)
- Bohrer, 2 mm Durchmesser
- Sprühkleber
- Transparentes Paketklebeband
- Oberflächenöl oder nach Wahl
- Zange
- Ohrhaken
- Ösen (oder 0,5 mm starken Draht für selbst gefertigte Ösen)
- 3 mm oder 6 mm dickes Walnuss- oder Sapeleholz, Größe nach Wahl (groß genug für die Mustervorlage plus geringem Aufmaß)

Fragen Sie sich schon, was Sie mit den vielen kleinen Holzabfällen und Reststücken aus der Werkstatt machen sollen? Das nächste Projekt wird allen gefallen, die sich – wie ich – nicht einmal vom kleinsten Stückchen besten Holzes trennen können. Ohrringe sind nur kleine Accessoires, können jedoch großen Eindruck machen. Ich hoffe, mein keltisch inspiriertes Ohrringpaar wird Sie gehörig beeindrucken. Als Symbol habe ich die Dreifachspirale gewählt, die mehrere Bedeutungen haben kann. Christliche Dreifaltigkeit ist die traditionelle Bedeutung des Symbols. In einer weiteren Bedeutung repräsentiert es Erde, Wasser und Himmel.

Die Vorlagenvariante für den Ohrring beinhaltet wie beim Anhängerprojekt ein Motiv aus meiner „Unity"-Serie. Diesmal zeigt das Design zwei miteinander verbundene Kreise oder Familienmitglieder. Es könnte eine Mutter mit ihrem Kind oder ein Liebespaar symbolisieren. In diesem Projekt habe ich mich für Sapeleholz, eine Mahagoniart, entschieden. Als Oberflächenbehandlung habe ich wieder drei Schichten Danish Oil aufgetragen.

Auf Seite 39 erläutere ich, wie Sie mit einem Rundstab, 0,5 mm starkem Draht und einem Drahtscheider Ösen selbst herstellen können. Die Ohrhaken aus Silber finden Sie in jedem Geschäft für Schmuckbedarf. Ferner benötigen Sie eine

Rundspitzzange, die Sie auch dort kaufen können. Ich verwende sie gerne, da sie die Ösen nicht verkratzt.

Kapitel 2: Persönliche Accessoires

Vorlage für die Ohrringe:
Dreifachspirale
Vorlage 1:1

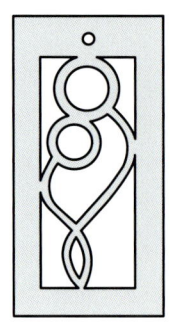

Vorlage für die Ohrringe: „Unity" 2
Vorlage 1:1

Ohrring mit Dreifachspiralenmotiv
Schritt-für-Schritt-Anleitung

1. Das Material vorbereiten.
Zwei Holzstückchen aufeinanderlegen, mit Mini-Schraubzwingen fixieren und rundherum mit Heißleim verkleben. Die Einfädellöcher für das Sägeblatt bohren.

2. Die Vorlage aussägen.
Etwaige Grate auf der Rückseite abschleifen. Dann mit der Feinschnittsäge und einem Sägeblatt Nr. 1 mit Gegenzähnen alle Innenschnitte durchführen.

3. Das Loch für die Öse bohren.
Ehe Sie die endgültige Ohrringform aussägen, bohren Sie mit einer Ständerbohrmaschine und einem 2-mm-Bohrer das Loch für die Öse, die später den Ohrhaken aufnimmt.

Ohrring mit Dreifachspiralenmotiv

4. Die endgültige Form aussägen.
Nun mit der Feinschnittsäge und Sägeblatt Nr. 5 mit Gegenzähnen die Ohrringform aussägen. So nahe wie möglich an der Linie entlangsägen und anschließend etwaige Unebenheiten wegschleifen. Alternativ können Sie rundum ca. 1 mm Aufmaß belassen und mit einer Trommel- oder Kantenschleifmaschine die endgültige Form glatt schleifen.

5. Oberflächenmittel auftragen.
Für dieses Projekt habe ich ein von Hand aufgetragenes Oberflächenöl verwendet, um damit die natürliche Färbung des Walnussholzes zur Geltung zu bringen und seinen Glanz zu verstärken. Ehe Sie das Oberflächenmittel auftragen, schleifen Sie das Werkstück auf dem mit Schleifpapier beklebten Schleifbrett glatt. Ebenfalls die Kanten mit Schleifpapier Korn 220 glätten.

6. Die Furnituren anbringen.
Sobald das Oberflächenmittel vollständig getrocknet ist, eine Öse und einen Ohrhaken an jedem Ohrring befestigen. Stellen Sie die Öse aus 0,5 mm starkem Draht selbst her (siehe Seite 39).

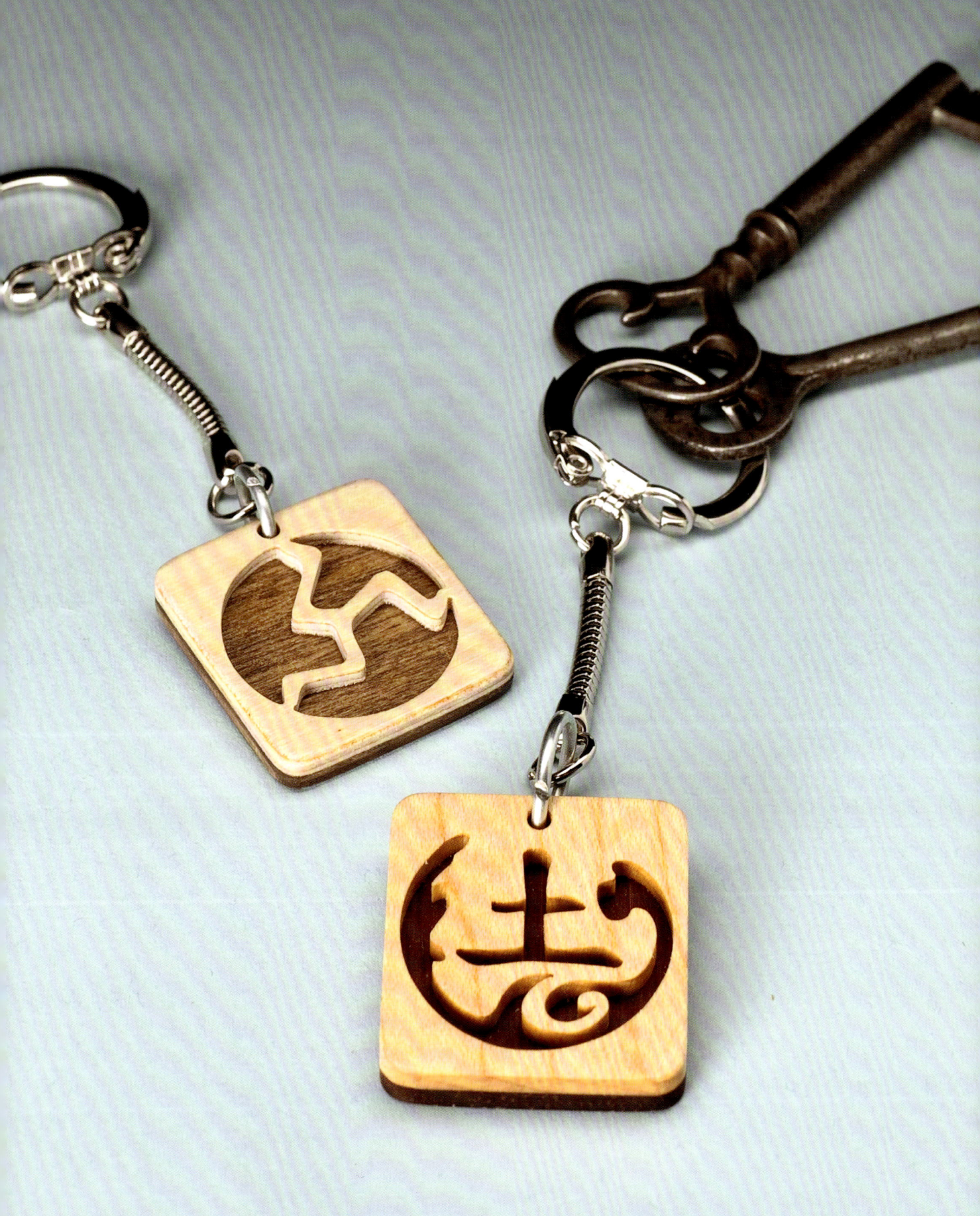

Schlüsselanhänger

WERKZEUG UND MATERIAL

- Ständerbohrmaschine
- Bohrer, 1,9 mm und 2 mm Durchmesser
- Mini-Schraubzwingen
- Heißklebepistole
- Klebepatronen
- Sprühkleber
- Schleifpapier (Korn 150 – 220)
- Sägeblätter Nr. 2/0, Nr. 5 (mit Gegenzähnen)
- Holzleim
- Leimroller
- Transparentes Paketklebeband
- Rundspitzzange
- Drahtschneider
- Öse
- Schlüsselring
- Metallrundstab für die Ösen
- Galvanisierter Draht, 1,3 mm Durchmesser
- Oberflächenmittel zum Aufsprühen nach Wahl
- 3 mm dickes Holz nach Wahl, Größe nach Wahl (groß genug für die Mustervorlage plus geringem Aufmaß)

Östliche Kulturen und ihre Neigung zu Symbolen, beispielsweise für die Elemente, haben mich schon immer fasziniert. In der chinesischen Kultur sind Erde, Wasser, Holz, Metall und Feuer die Elemente. Ebenso fasziniert bin ich von der fließenden Bewegung und Eleganz der Kalligrafie, die mich wirklich inspiriert. Beide Komponenten wollte ich in meinem Schlüsselanhängerprojekt miteinander kombinieren. Mein modernes Design für das Erde-Element umschlingt das traditionelle chinesische Zeichen für „Erde". Die Mischung traditioneller und zeitgenössischer Formen sorgt stets für eine spannende Kombination. Das ausgewählte Holz hat von Natur aus schön kontrastierende Farben – Ahorn für die Vorderseite und Padauk zum Hinterlegen. Den Kontrast können Sie auch mit Pigmentbeize, Farbstoffbeize oder Farbe erzeugen, sollten Sie diese Holzarten nicht griffbereit haben.

Die Vorlagenvariante ist ein keltisch inspiriertes Design, eine stilisierte Triskele. Das Motiv zeigt drei von der Mitte ausstrahlende, gebeugte Beine und vermittelt den Eindruck ständiger Bewegung. Auch dieses Motiv hat in unterschiedlichen Kulturen unterschiedliche Bedeutung, u. a. Wettbewerb und Fortschritt. Für dieses Projekt habe ich zwei Stücke 3 mm starkes Birkensperrholz verwendet. Das Hintergrundholz habe ich zur Erzielung eines auffälligen Kontrasts gebeizt. Aufgrund der Beize habe ich mich für mehrere Lagen Polyurethan-Spray als Oberflächenmittel entschieden, statt von Hand ein Öl aufzutragen.

Kapitel 2: Persönliche Accessoires

Vorlage für den Schlüsselanhänger: Elemente
Vorlage 1:1

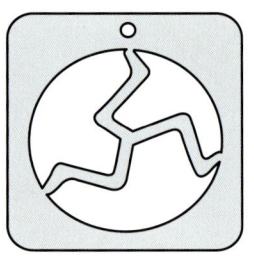

Vorlage für den Schlüsselanhänger: Keltische Triskele
Vorlage 1:1

Schlüsselanhänger mit Elemente-Motiv
Schritt-für-Schritt-Anleitung

1. Das Holz auswählen.
Ich mag es, wenn das ausgesägte Motiv hervorsticht. Daher verwende ich ein kontrastierendes Holz als Hintergrund. Hier wähle ich Ahorn für den Vordergrund mit ausgesägtem Motiv und Padauk als kontrastierenden Hintergrund.

2. Die Einfädellöcher für die Sägeblätter bohren.
Zunächst mit Sprühkleber die Mustervorlage temporär auf dem Ahorn fixieren. Dann mit der Ständerbohrmaschine und dem größtmöglichen Bohrer die Löcher zum Einfädeln der Sägeblätter bohren. Ich verwende einen Bohrer mit 2 mm Durchmesser. Die Löcher bohre ich so nah wie möglich an einer Motivlinie.

1

2

Schlüsselanhänger

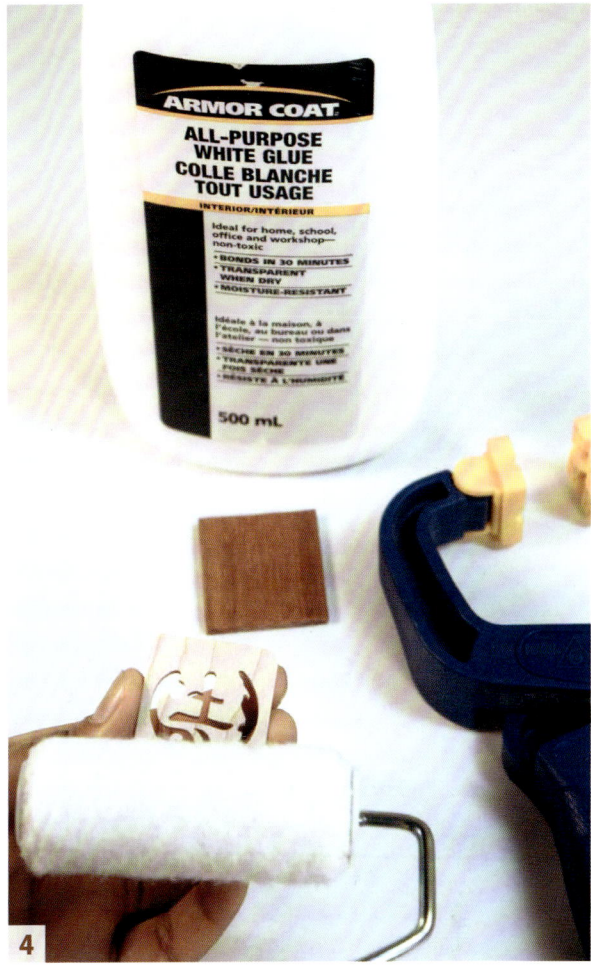

3. Die Vorlage aussägen.
Für die Innerschnitte verwenden Sie ein Sägeblatt Nr. 2 mit Gegenzähnen. In der Mitte mit den filigransten Schnitten beginnen und danach die weniger heiklen Schnitte und die Außenschnitte durchführen. Dann ein Blatt Nr. 5 einspannen und grob um die Kontur des Motivteils herumsägen. Dabei mindestens 2 mm Aufmaß belassen.

4. Das Vorderteil auf den Hintergrund kleben.
Die Grate auf der Rückseite des Motivteils entfernen und die später innen liegende Vorderseite des Hintergrundteils schleifen. Holzkleber gleichmäßig auf die Rückseite des Motivteils rollen und das Teil auf das Hintergrundteil spannen.

5. Das Loch für die Öse bohren.
Ist der Holzleim trocken, mit der Ständerbohrmaschine und einem 1,9-mm-Bohrer oben mittig ein Loch bohren. Um ein Ausbrechen des Holzes auf der Rückseite zu vermeiden, ein Stück Restholz als Unterlage verwenden.

Kapitel 2: Persönliche Accessoires

6. Die endgültige Kontur aussägen.
Mit einem Feinschnittsägeblatt Nr. 5 die endgültige Kontur des Schlüsselanhängers aussägen. Dann die Kanten glatt schleifen und scharfkantige Ecken mit Schleifpapier Korn 220 brechen. Den Schlüsselanhänger mit einem Oberflächenmittel nach Wahl versiegeln.

7. Den Schlüsselanhänger montieren.
Zum Schluss die Öse durch das Loch im Anhänger fädeln. Ehe Sie die Öse schließen, noch die Furnitur für den Schlüsselanhänger befestigen. Dann die Öse mit einer Rundspitzzange zusammenquetschen.

Schlüsselanhänger

Ösen selbst herstellen

Ösen kann man in verschiedensten Größen anfertigen. Man benötigt nur Rundstäbe mit unterschiedlichen Durchmessern oder ein anderes langes Teil mit gleichmäßigem Durchmesser (z. B. ein Schraubendreher-Schaft). Ferner benötigen Sie galvanisierten Draht (für diesen Zweck verwende ich Draht mit 1,3 mm Durchmesser), den Sie in jeder Eisenwarenhandlung kaufen können, einen Drahtschneider und natürlich den gewünschten Rundstab.

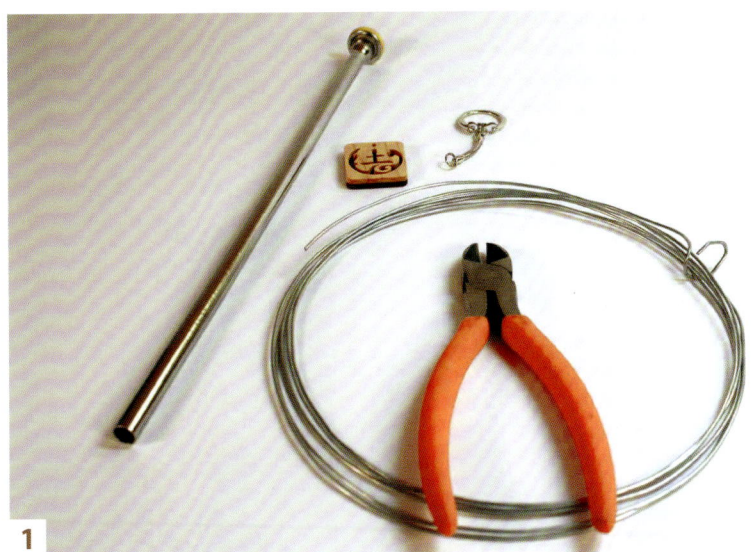

1. Den Rundstab auswählen.
Bei der Auswahl des Rundstabs müssen Sie die Materialstärke berücksichtigen, durch die die Öse später hindurchgefädelt werden muss. Ich verwende hier einen 10 mm starken Rundstab, da die Öse durch 6 mm starkes Material gefädelt werden muss.

2. Den Draht wickeln.
Ein Ende des Rundstabs in die Hand nehmen und mit dem 1,3 mm starken Draht umwickeln. Dabei auf gleichmäßigen Abstand achten.

3. Die Ösen abknipsen.
Die Wicklung vom Rundstab nehmen und jeweils eine vollständige Schlaufe abknipsen.

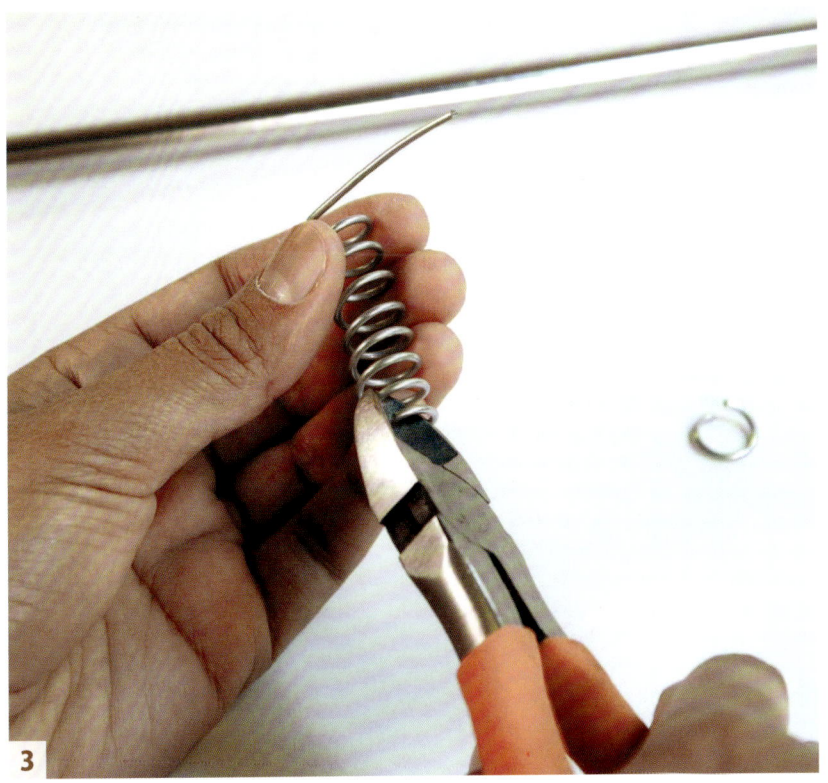

Lesezeichen

WERKZEUG UND MATERIAL

- Ständerbohrmaschine
- Klebepatronen
- Heißklebepistole
- Sprühkleber
- Schleifpapier (Korn 150 – 220)
- 3 mm starker Sperrholzrest als Hintergrundmaterial
- Oberflächenmittel zum Aufsprühen oder nach Wahl
- Schablone (nach Wahl)
- Bohrer, Ø 1 mm – 2 mm
- Sägeblätter Nr. 2/0, Nr. 5 (mit Gegenzähnen)
- 1 mm starkes finnisches Birkensperrholz, Größe nach Wahl (groß genug für die Mustervorlage plus geringem Aufmaß)

Das nächste Projekt eignet sich für Bücherliebhaber und Handwerker gleichermaßen. Natürlich ist es auch etwas für diejenigen, die gerne selbst gefertigte Dinge mit einem besonderen Sinngehalt verschenken. Mein Lesezeichendesign wurde vom chinesischen Tierkreis inspiriert. Statt nach astrologischen Zeichen in den Sternen zu suchen, orientiert sich der chinesische Tierkreis am Persönlichkeitsprofil von Tieren als Geburtssymbole. Ich konzentriere mich auf das Jahr der Ratte. Menschen, die im Jahr der Ratte geboren sind, sagt man nach, dass sie fleißig, klug, realistisch, erfindungsreich und charmant sind. Erinnert Sie das an Sie selbst? Ich gehe ebenfalls darauf ein, wie man eine Schablone für den als Option vorgeschlagenen chinesischen Buchstaben für Ratte anfertigt.

Die Vorlagenvariante geht auf meine Liebe zur chinesischen Kalligrafie zurück. Wie ich bereits im Schlüsselanhänger-Projekt erwähnte, liebe ich das Fließende und die Eleganz jedes Buchstabens. Um diese Kunst zu erlernen, braucht es Jahre. Ich kann ihr meine Referenz nur auf die beste Art erweisen, die ich beherrsche, und das ist die Kunst des Feinschnittsägens. Wenn Sie dem ausgesägten Schriftzeichen die deutsche Übersetzung zur Seite stellen möchten, machen Sie sich einfach auf die gleiche Art eine Schablone, wie ich sie beim Lesezeichen „Ratte" vorstelle.

Das von mir verwendete Holz ist dreilagiges finnisches Birkensperrholz, auch als Flugzeugsperrholz bekannt. Da es sich um ein spezielles Sperrholz handelt, müssen Sie es eventuell bei Händlern in Ihrer Nähe etwas suchen. Alternativ lassen Sie es sich schicken. Die Art Sperrholz bevorzuge ich aufgrund seiner Stärke, Biegsamkeit und Schichtdicke – Merkmale, die für ein Lesezeichen von Bedeutung sind. Sollten Sie nicht im Jahr der Ratte geboren sein, können Sie auf Seite (194) die anderen 11 chinesischen Tierkreiszeichen nachschlagen.

Kapitel 2: Persönliche Accessoires

Eine Schablone herstellen

Dieser Schritt ist optional. Er verleiht dem Lesezeichenprojekt jedoch eine besondere Note. Mit der Technik können Sie auch jedes andere Projekt aus diesem Buch individuell gestalten.

Benötigtes Material

- Transparente, dünne Plastikfolie (eine alte Präsentationsfolie)
- Holzreststücke (3 mm stark)
- Heißklebepistole und Klebepatronen
- Kleiner Pinsel
- Beize oder Farbe nach Wahl

Vorlage für das Lesezeichen: Chinesisches Tierkreiszeichen Ratte, Vorlage 1:1 (Siehe auf Seite 194 die weiteren 11 chinesischen Tierkreiszeichen) >>>

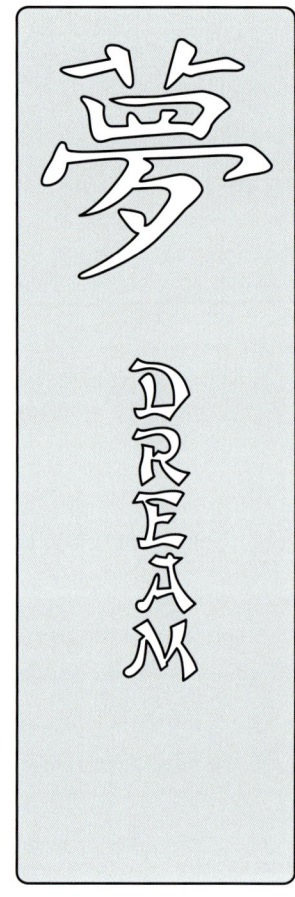

Vorlage für das Lesezeichen: Traum, Vorlage 1:1

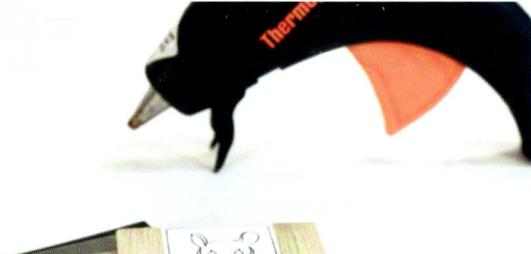

1

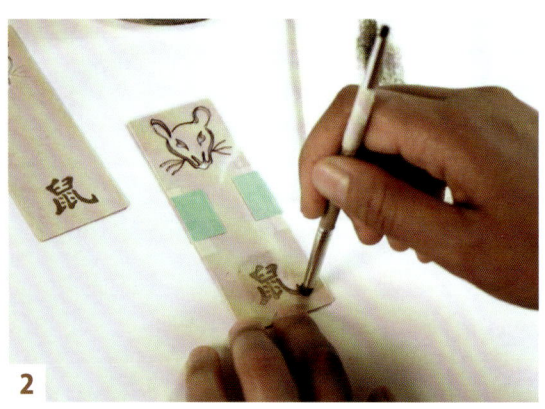

2

1. Die Schablone ausschneiden.
Die Plastikfolie zwischen die beiden Holzreststücke legen und das Ganze mit ein paar Tropfen Heißleim an den Seiten fixieren. Nur den chinesischen Buchstaben mit einem Feinschnittsägeblatt Nr. 2/0 aussägen. Danach die Lesezeichenkontur aussägen. Nun mit einem dünnen Filzstift die Kontur der Mustervorlage „Ratte" auf die Schablone zeichnen. Dies hilft später bei der Ausrichtung.

2. Den Buchstaben schablonieren.
Überstehendes Material an den Seiten wegschneiden, damit Sie die Schablone mit Klebeband auf das Lesezeichen kleben können. Die Schablone ausrichten. Den Pinsel in die Beize oder Farbe tauchen. Dann mit Küchenpapier möglichst viel vom Oberflächenmittel wieder aufsaugen – ein Zuviel an Oberflächenmittel würde hässliche Farbunterläufer verursachen. Nun das Mittel mit kreisenden Bewegungen auftragen. Die Schablone vorsichtig abheben und den schönen scharfkonturierten chinesischen Buchstaben offenlegen.

Lesezeichen Ratte Schritt-für-Schritt-Anleitung

1. Das Material stapeln.
Derart dünnes Material verarbeitet man meist besser als Stapel. Ich empfehle fünf Lagen. Damit es nicht zum Ausbrechen des Holzes kommt und das Ganze stabiler wird, sollten Sie ein 3 mm starkes Sperrholzreststück mit Heißleim darunter fixieren. Die Oberseite des Stapels etwas anschleifen, damit die Papiervorlage besser haftet. Es gibt nichts Schlimmeres beim Sägen, als eine sich lösende Vorlage.

2. Die Einfädellöcher für die Sägeblätter bohren.
Mit einem 2 mm starken Bohrer die Löcher zum Einfädeln der Sägeblätter bohren. Alle Grate und Ausbrüche infolge des Bohrens wegschleifen.

3. Die Vorlage aussägen.
Alle Innenschnitte mit einem Feinschnittsägeblatt Nr. 2/0 von innen nach außen arbeitend ausführen. Beginnen Sie mit den Augen, den Ohren und sägen Sie schließlich das Maul. Achten Sie besonders auf die feinen Tasthaare.

4. Die Außenkontur aussägen.
Nach Fertigstellung der Innenschnitte die Außenkontur des Lesezeichens mit einem Feinschnittsägenblatt Nr. 5 mit Gegenzähnen sägen. Dabei so nahe wie möglich an der Linie entlangsägen, ohne sie jedoch vollständig wegzusägen.

5. Schleifen und ein Oberflächenmittel auftragen.
Ist die Außenkontur des Lesezeichens nicht völlig gerade, ist das kein Problem, da sich Unebenheiten leicht mit dem Schleifbrett wegschleifen lassen. Nach Belieben können Sie das Rattensymbol auch als Schablone verwenden. In dem Fall die Lesezeichen mit der Rückseite nach oben auf ein Trockengestell legen und mit klarem Polyurethan-Oberflächenmittel besprühen. Gut trocknen lassen, umdrehen und die Vorderseite besprühen.

Tipp:
Mit zwei Mustervorlagen arbeiten

Wenn Sie die Vorlage fixieren, sollten Sie vielleicht gleich zwei Vorlagen auf einem größeren Stück Holz nebeneinander anbringen. So sparen Sie beim Anfertigen mehrerer Geschenke oder Verkaufsartikel nicht nur viel Zeit, sondern können das Holz auf der Feinschnittsäge zudem bequemer führen.

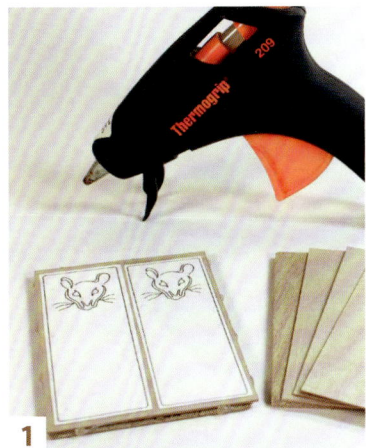
1

2

3

4

5

Gürtelschnalle

WERKZEUG UND MATERIAL

- Ständerbohrmaschine
- Bohrer, 2 mm Durchmesser
- Sägeblätter Nr. 2/0, Nr. 2 und Nr. 5 (mit Gegenzähnen)
- Sprühkleber
- Weißleim
- Leimroller
- Schleifpapier (unterschiedliche Körnungen)
- Beize (nach Wahl)
- Schrauben, 10 mm lang, 3 mm Durchmesser
- Ring und Dorn einer Gürtelschnalle
- Oberflächenmittel zum Aufsprühen nach Wahl
- Klebepatronen
- Heißklebepistole
- Zwei Stücke kontrastierender Hölzer, 3 mm stark, Größe nach Wahl (groß genug für die Mustervorlage plus geringem Aufmaß)

Wie wäre es, wenn Sie ein kleines Kunstwerk um die Taille trügen und dabei auch noch modisch aussähen? Das nächste Projekt gefällt Ihnen bestimmt. Ich liebe es wegen seiner mit Funktionalität gepaarten Schönheit.

Wie auch Schmetterlinge sind Libellen schön und elegant. In unterschiedlichen Kulturen gibt man der Libelle eine unterschiedliche Bedeutung. Im Allgemeinen gilt sie jedoch als ein Symbol für Erneuerung, Wechsel, Hoffnung und Liebe. Mein Design zeigt eine Libelle, die mit unbekanntem Ziel durch hohes Gras fliegt. Als Holz verwende ich helle Esche für den Hintergrund und schön kontrastierendes Sapele (Mahagoni) für den Vordergrund.

Die Vorlagenvariante ist mein Design aus miteinander verschlungenen Kreisen. Der Kreis ist eine lebendige geometrische Form mit vielen Bedeutungen. In der Natur taucht er praktisch überall auf. Ohne erkennbaren Anfang oder Ende kann er ganz offensichtlich für die Unendlichkeit stehen und uns ein Gefühl von Ganzheit und Vollkommenheit vermitteln. Mit Blick auf die Natur symbolisiert er den Mond, die Sonne und weitere Phänomene. Verschlingen Sie einige Kreise miteinander und kreieren daraus ein dynamisches, fesselndes Motiv. Ich habe für den Vordergrund dunkelbraunes Walnussholz verwendet und stark kontrastierenden Ahorn für den Hintergrund. Möchten Sie Aussehen und Anmutung des Teils ändern, tauschen Sie die kontrastierenden Schichten einfach aus.

Sie benötigen einen Wechselgürtel sowie Ring und Dorn einer Gürtelschnalle. Diese Teile bekommen Sie in jedem Lederwarengeschäft. Bei diesem Projekt hatte ich viel Spaß, und die Gürtelschnalle wird mir beim Tragen viel Freude machen. Außerdem wird sie bestimmt für viel Gesprächsstoff sorgen.

Kapitel 2: Persönliche Accessoires

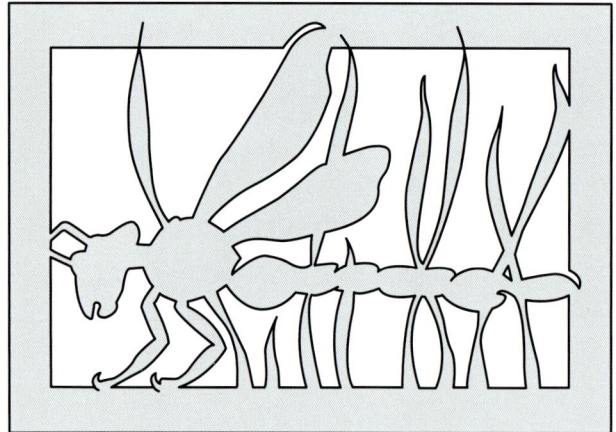

Vorlage für die Gürtelschnalle: Libelle
Vorlage 1:1

Vorlage für die Gürtelschnalle: Kreise
Vorlage 1:1

Schritt-für-Schritt-Anleitung Gürtelschnalle

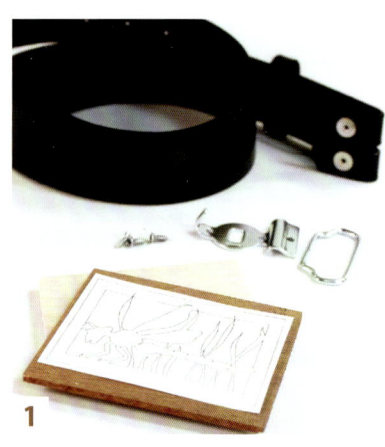

1. Kontrastierende Hölzer auswählen.
Wählen Sie Laubholzkombinationen, die für deutlichen Kontrast sorgen (z. B. Pappel und Walnuss). Kontrast können Sie auch einfach dadurch erzeugen, dass Sie entweder das Vorderteil oder das Hintergrundteil der Schnalle beizen. Für dieses Projekt verwende ich Sapele und Esche.

2. Einen Holzrest am Vorderteil befestigen.
Um dem Ganzen Stabilität zu verleihen, das Vorderteil mit einem Holzreststück unterlegen. Die Vorlage fixieren, transparentes Paketklebeband darauf kleben und anschließend die Einfädellöcher für die Sägeblätter bohren. Dies vermindert Reibung und schmiert das Sägeblatt. Nun mit einer Heißklebepistole mehrere Tropfen Heißkleber auf die Seiten auftragen. Den Stapel beim Kleben mit einer Mini-Schraubzwinge zusammenhalten.

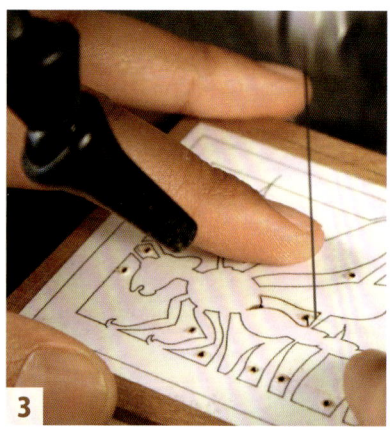

3. Die Vorlage aussägen.
Die Vorlage mit einem Sägeblatt mit Gegenzähnen aussägen. Damit die filigranen Motivpartien während des Schnitts nicht wegknicken, sollten Sie sie mit einem Stück transparentem Paketklebeband bekleben. Es hilft, sich den Schnittverlauf zu überlegen, ehe man zu sägen beginnt.

Gürtelschnalle

4. Die Außenkontur aussägen.
Achten Sie darauf, beim Aussägen der Außenkontur der Gürtelschnalle etwas Aufmaß zu belassen. Ich empfehle ca. 2 mm.

5. Das Vorderteil auf das Hintergrundteil kleben.
Mit einem Leimroller eine gleichmäßige Schicht Weißleim auf die Rückseite des Motivteils aufbringen. Dann das Sapele-Motivteil auf das Hintergrundteil aus Esche klemmen. Für gleichmäßige Druckverteilung einen Leimklotz verwenden. Hier benutze ich ein Abfallstück aus 19 mm starkem Sperrholz.

6. Die endgültige Form aussägen.
Sobald der Leim trocken ist, die Außenkontur der Schnalle auf der Feinschnittsäge mit einem Sägeblatt Nr. 5 mit Gegenzähnen aussägen. Zum Glätten der Kanten die Kantenschleifvorrichtung (siehe Seite 186) verwenden. Dann scharfe Kanten und Ecken mit Schleifpapier Korn 220 brechen. Nach Wunsch ein klares Oberflächenmittel als Schutz aufbringen.

7. Die Metallbeschläge befestigen.
Den Ring- und Dornbeschlag mittig auf der Schnalle befestigen. Dazu mit einem Bohrer mit 2 mm Durchmesser Führungslöcher für die Schrauben bohren. Passen Sie dabei besonders auf, nicht zu tief zu bohren. Es wäre sehr unglücklich, wenn Sie bis zur Vorderseite durchbohren würden. Die Metallbeschläge mit 10 mm langen Holzschrauben mit 3 mm Durchmesser befestigen.

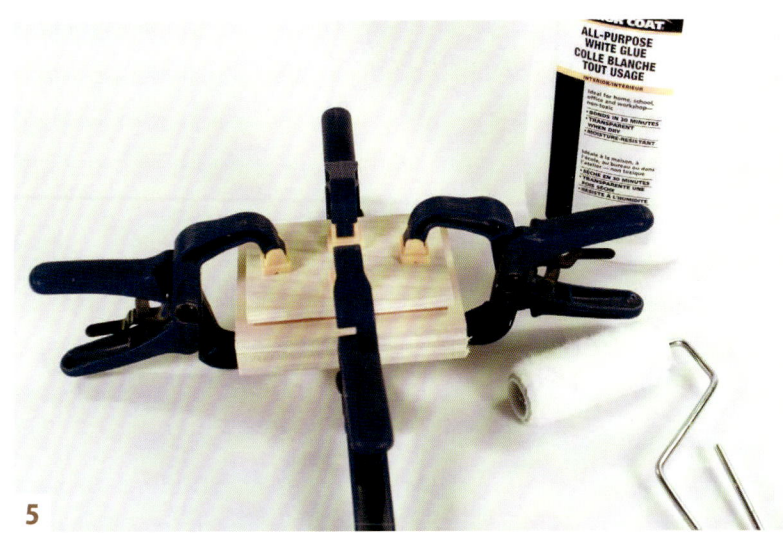

KAPITEL 3

WOHNACCESSOIRES

Bei allen bisherigen Projekten handelte es sich um besondere Einzelstücke, die als persönlicher Schmuck oder persönliches Accessoire gedacht waren. Als Nächstes möchte ich nun hübsche, funktionale und traumhafte Deko für die Wohnung angehen. Den Beginn machen im ersten Projekt kleinere und einfachere Stücke wie die Untersetzer. Danach kommen größere und schwierigere Teile, z. B. die Akzentleuchten. Ich habe praktische und optisch ansprechende Untersetzer entworfen, kombiniert mit detaillierter Anleitung und Vorlagenvariante, sodass ein tolles Geschenk dabei herauskommt. Das nächste Projekt auf der Liste ist ein ausgefallener Fotorahmen. Was diesen Rahmen auszeichnet, ist der staffeleiartige Fuß. Hierbei zeige ich Ihnen meine Technik, mit der ich sichtbare Sperrholzkanten kaschiere. Ist Ihnen nach etwas Stimmungsvollem? Was halten Sie zur Einstimmung von einem Teelichthalter, der gemütliches Licht spendet? Ich stelle ein schönes und modernes Stück vor, das in jedes Ambiente passt. Es besteht aus vier einzelnen Quadraten, die zusammengeschoben ein dynamisches Objekt ergeben. Geht es Ihnen wie mir und verlieren Sie ständig Ihre Schlüssel? Für dieses überaus leidige Problem habe ich eine hervorragende Lösung: einen speziellen Schlüsselkasten. Im Eingangsbereich Ihres Zuhauses aufgehängt, wird er Sie immer dazu veranlassen, erst einmal Ihre Schlüssel hineinzuhängen, ehe Sie etwas anderes tun. Das letzte Projekt dieses Kapitels beschäftigt sich mit einer hinreißenden Akzentleuchte. Es ist etwas schwieriger als die anderen Projekte, aber ich führe Sie langsam und Schritt für Schritt durch die einzelnen Arbeitsgänge. Sie werden sehr stolz auf sich sein, wenn Sie die Herausforderung angenommen und das Projekt fertiggestellt haben – und ich auch. Was und wofür auch immer Sie etwas benötigen, Sie finden dafür das perfekte und lohnende Projekt auf den kommenden Seiten. Sägen Sie los!

Untersetzer

WERKZEUG UND MATERIAL

- Ständerbohrmaschine
- Präzisionsstiftfutter
- Mini-Schraubzwingen
- Bohrer, 1 mm Durchmesser
- Sägeblätter Nr. 2/0 und Nr. 5 (mit Gegenzähnen)
- Schleifpapier (Korn 150 – 220)
- Sprühkleber
- Polyurethankleber
- Oberflächenmittel zum Aufsprühen oder nach Wahl (Sprühklarlack für Innen/Außen)
- Beize (nach Wahl)
- Kleine transparente Anti-Rutsch-Punkte
- Kork für die Rückseite
- Abbrechmesser
- Erle
- Walnuss

Die quadratische Form der Untersetzer ist zugleich schlicht wie auch elegant. Das Bienendesign wird filigran ausgesägt. Als Vorlagenvariante biete ich das Libellendesign an. Sie können einen Untersetzersatz ausschließlich mit dem Bienenmotiv machen oder Bienen- und Libellenmotive kombinieren.

Für die Oberseite nehme ich Erlenholz und kontrastierende Walnuss für den Hintergrund. Da Untersetzer potenziell nass werden können, muss man besondere Aufmerksamkeit auf den eingesetzten Klebstoff und das Oberflächenmittel verwenden. Ich bevorzuge hier Polyurethankleber und sprühe das Oberflächenmittel in mehr als drei Schichten auf. Achten Sie darauf, dass das Oberflächenmittel auch die inneren Kanten der ausgesägten Motive erreicht. In einer Schachtel präsentiert, werden die Untersetzer zum perfekten Geschenk.

Schnittliste

Teil Nr.	Anzahl	Bezeichnung	Maße	Material
1	4	Oberteil	95 mm x 95 mm x 3 mm	Erle
2	4	Unterteil	95 mm x 95 mm x 3 mm	Walnuss

Kapitel 3: Wohnaccessoires

Vorlage für den Untersetzer: Biene, Vorlage 1:1

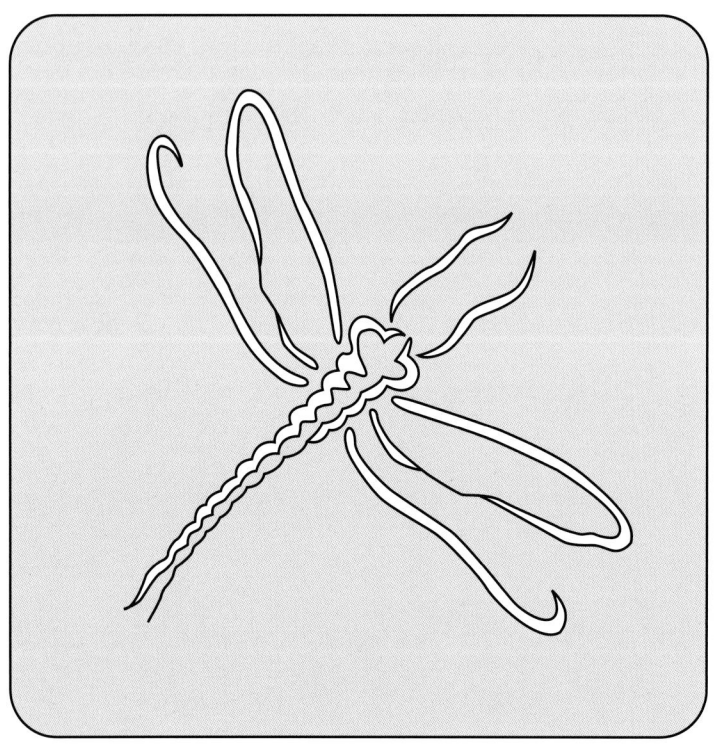

Vorlage für den Untersetzer: Libelle, Vorlage 1:1

Untersetzer mit Bienenmotiv Schritt-für-Schritt-Anleitung

1. Die Hölzer auswählen.
Bei diesem Projekt habe ich mich für Walnussholz als kontrastierendes Unterteil und Erle für das Oberteil entschieden. Erle ist ein sehr gut und sehr schnell nachwachsendes Holz. Zwei Oberteile mit Mini-Schraubzwingen übereinander spannen. Dann mit der Heißklebepistole auf alle vier Seiten Leimstreifen im Abstand von ca. 25 mm auftragen.

2. Die Mustervorlage aussägen.
Mit dem Präzisionsstiftfutter und einem 1-mm-Bohrer die Einfädellöcher für die Sägeblätter bohren. Die Vorlage mit einem Sägeblatt Nr. 2/0 mit Gegenzähnen aussägen. Dabei die filigranen Partien mit transparentem Klebeband stabilisieren. Die Außenkontur der Untersetzer grob mit einem Sägeblatt Nr. 5 mit Gegenzähnen aussägen.

3. Die Außenkontur der Untersetzer aufzeichnen.
Nachdem man den Stapel grob zugeschnitten hat, ist der Umriss des Untersetzers auf dem zweiten Oberteil nicht mehr vorhanden. Ich verwende eine transparente Plastikschablone, um den Umriss neu aufzuzeichnen: Man nimmt eine Transparentfolie oder einen beliebigen Folienrest, zeichnet darauf mit einem feinen Filzstift den Umriss und schneidet die Schablone mit einem Abbrechmesser aus.

4. Das Oberteil auf das Unterteil aus Walnuss kleben.
Die Grate von der Rückseite des Oberteils wegschleifen. Polyurethankleber benötigt zum Abbinden zusätzliche Feuchtigkeit. Zunächst eine sehr dünne Kleberschicht auf die Oberseite des Walnussunterteils sprühen, dann die Rückseite des Oberteils aus Erle mit Wasser anfeuchten. Die Teile mindestens 4 Stunden unter Verwendung eines Leimklotzes zusammenspannen.

Untersetzer

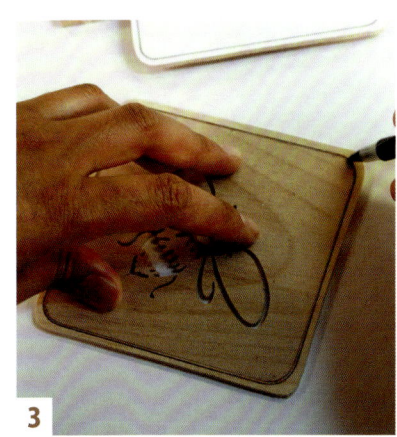

5. Die Außenkontur aussägen.
Die Außenkontur der Untersetzer mit einem Sägeblatt Nr. 5 mit Gegenzähnen aussägen. Dabei nur an der Außenseite der Konturlinie sägen. Alternativ können Sie ca. 1 bis 2 mm Zugabe belassen und mit einer in eine Ständerbohrmaschine eingespannten Schleiftrommel oder einem Kantenschleifer die endgültige Form und Kontur der Untersetzer herstellen.

6. Kanten versäubern und Oberflächenmittel auftragen.
Zum Versäubern der Untersetzerkanten verwenden Sie die Kantenschleifvorrichtung (Seite 186). Den gesamten Untersetzer mit Schleifpapier Korn 150 – 220 glatt schleifen. Scharfe Ecken und Kanten brechen. Dann drei oder mehr Schichten wasserabweisendes Oberflächenmittel aufsprühen. Abschließend transparente Anti-Rutsch-Punkte in jeder Ecke auf der Rückseite der Untersetzer anbringen. Alternativ können Sie die Untersetzerrückseite mit Kork bekleben.

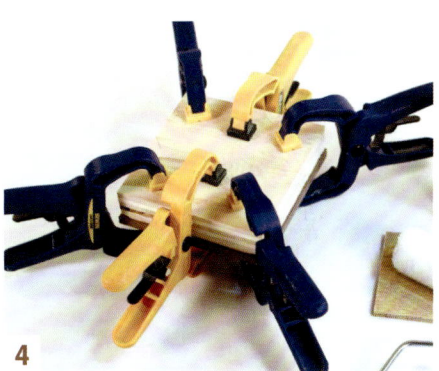

> ## Tipp:
> **Variante Beizen**
>
> Möchten Sie die Untersetzer, statt unterschiedliche Hölzer zu verwenden, lieber partiell beizen, müssen Sie das als Erstes tun. Alles gut trocknen lassen, ehe Sie mit weiteren Arbeitsschritten fortfahren.

Fotorahmen

WERKZEUG UND MATERIAL

- Tischkreissäge
- Oberfräse
- Nutenfräser, 6 mm Durchmesser
- Ständerbohrmaschine
- Winkelschleifer (oder Feilen und Schleifpapier)
- Spannzwingen
- Bohrer, Ø 1,9 mm und 2 mm
- Handbohrmaschine
- Sägeblätter Nr. 2 und Nr. 5 (mit Gegenzähnen)
- Transparentes Paketklebeband
- Materialrest für das Rückenteil
- Schleifpapier
- Doppelseitiges Klebeband
- Glasscheibe, 102 mm x 152 mm x 3 mm
- Drehfedern
- Senkkopfnägel/Messingstab
- Zahnstocher
- Handschraubendreher
- Messingschrauben, 3 mm Durchmesser
- Oberflächenmittel zum Aufsprühen
- Holzleim
- Weißleim
- Leimroller
- Holzschraubzwinge
- Sapele und Birke (oder Ahorn)
- 6 mm starkes Mahagoni-Sperrholz
- Flache Schale
- Pigment- oder Farbstoffbeize nach Wahl

Mit einem Fotorahmen können Sie Ihre Liebsten groß rauskommen lassen, ganz gleich, ob es Ihre Familie oder Ihre Freunde sind. Was diesen Fotorahmen zusätzlich zu etwas Besonderem macht, ist, dass Sie ihn selbst gemacht haben. Einschließlich des Staffeleifußes handelt es sich um reine Handarbeit. Sie benötigen einige Drehfedern für Fotorahmen, die Sie in jeder Rahmengalerie kaufen können, und eine speziell auf die Maße 102 mm x 152 mm zugeschnittene Glasscheibe. Ich habe meine Scheibe in einem Reparaturbetrieb für Windschutzscheiben gekauft. Da ich für dieses Projekt Sperrholz aus Birke verwende, erläutere ich, wie man sichtbare Sperrholzkanten mit Furnier kaschiert. Bei Verwendung von Massivholz ist dieser Schritt natürlich überflüssig. Bei dem Projekt wünsche ich Ihnen ebenso viel Vergnügen, wie ich es hatte.

Mein Design für den Fotorahmen geht auf meine Liebe zu schönen filigranen Orchideen zurück. Ich wollte die zarten geschwungenen Linien der Orchidee gegen die strengen Linien der shojiartigen Rahmenkonstruktion an der linken Seite absetzen (Shoji sind japanische Trennwände aus Papier auf einem hölzernen Rahmen). Zwar habe ich auf diese Art zwei sehr unterschiedliche Elemente miteinander verbunden, doch ich glaube, dass sie sehr gut zueinander passen.

Schnittliste

Teil Nr.	Anzahl	Bezeichnung	Maße	Material
1	1	Vorderteil	3 mm x 179 mm x 229 mm	Birke
2	1	Rückenteil	16 mm x 179 mm x 229 mm	Birke
3	1	rückseitige Einlage	6 mm x 102 mm x 152 mm	Mahagoni-Sperrholz
4	1	Fußrohling	10 mm x 51 mm x 152 mm	Birke
5	1	Glaseinsatz	3 mm x 102 mm x 152 mm	Glas

Vorlage für den Fotorahmen: Orchidee
Vorlage 1:1

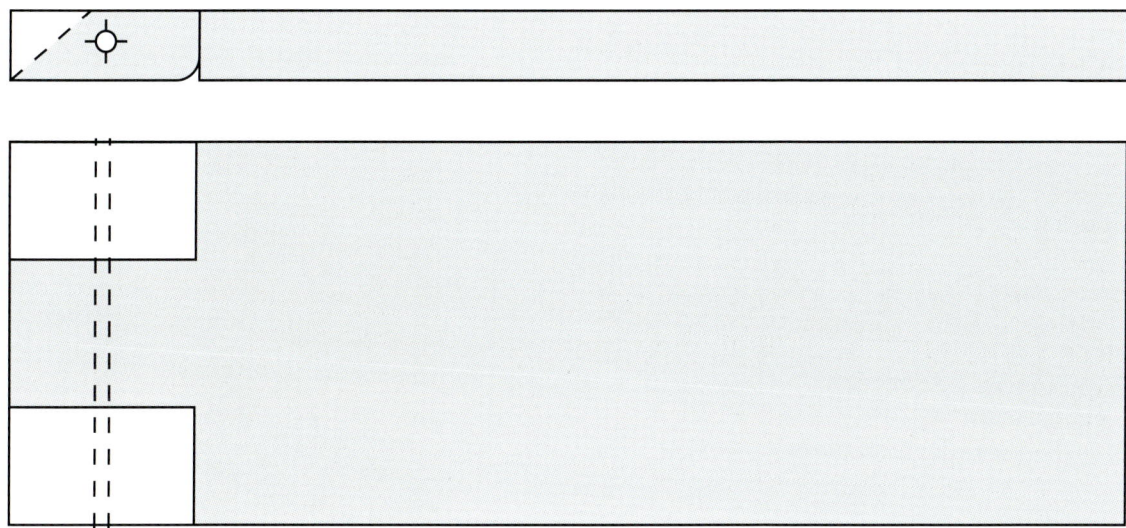

Vorlage für den Staffeleifuß, Vorlage 1:1

Fotorahmen mit Orchideenmotiv Schritt-für-Schritt-Anleitung

1. Das Material auswählen und vorbereiten.
Alle Teile auf einer Tischkreissäge mit Kombinationssägeblatt gemäß Schnittliste zuschneiden. Die Teile nummerieren, damit es keine Verwechslungen gibt.

2. Die Mustervorlage aussägen.
Möchten Sie gleichzeitig mehrere Rahmen anfertigen, spart es viel Zeit, mehrere Vorderteile zu einem Stapel aufzuschichten. Die Teile mit Kreppband zusammenhalten. Die Papiervorlage mit Sprühkleber fixieren und mit einem 2-mm-Bohrer die Einfädellöcher für die Sägeblätter bohren. Das Orchideenmotiv mit einem Sägeblatt Nr. 2 mit Gegenzähnen aussägen. Zum Aussägen der rechteckigen Formen zu einem Sägeblatt Nr. 5 mit Gegenzähnen übergehen. Den Fensterausschnitt erst später aussägen.

1

2

3. Das Rückenteil fixieren.
Verwenden Sie die einfache Vorrichtung zum Ausrichten im rechten Winkel (Seite 189), um das Vorderteil mit einigen Streifen doppelseitigem Klebeband provisorisch am Rückenteil zu fixieren. Damit die Teile fest zusammenhalten, jeweils an den Klebebandstellen leicht mit einer Zwinge zusammendrücken.

4. Den Fensterausschnitt aussägen.
Mit der Feinschnittsäge und einem Sägeblatt Nr. 5 mit Gegenzähnen den Ausschnitt aussägen. Es entsteht ein exakter Ausschnitt sowohl im Vorderteil als auch im Rückenteil.

5. Die Nut auf der Rückseite des Fotorahmens ausfräsen.
Die Nut auf der Rahmenrückseite stellt man am besten mit einer Oberfräse und einem 6-mm-Nutenfräser her. Die 6 mm x 10 mm große Nut nimmt die Scheibe und die rückseitige Einlage auf. Führen Sie den Fotorahmen gegen den Uhrzeigersinn. Mehrere Fräsarbeitsgänge machen und dabei den Fräser jeweils nur 3 mm vorschieben, um die Belastung des Fräsers gering zu halten.

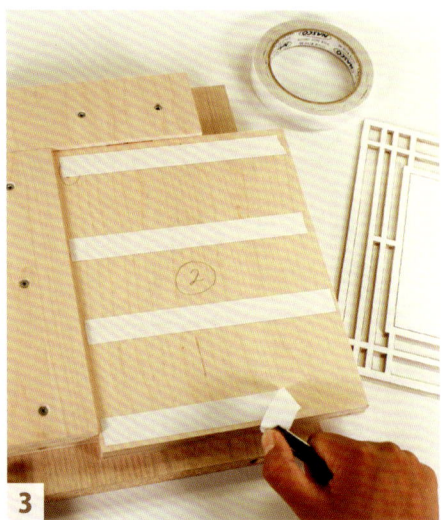

6. Die Nutecken rechtwinklig ausarbeiten.
Sie werden feststellen, dass der Fräser verrundete Ecken hinterlässt. Eine einfache Lösung besteht darin, die Ecken mit einem 25-mm-Beitel auszuarbeiten. Alternativ können Sie die Ecken der rückseitigen Einlage so verrunden, dass sie zu den rundgefrästen Ecken passen.

7. Den Staffeleifuß anfertigen.
Sie benötigen einen Scharnierstab (z. B. einen Messingstab oder einen Senkkopfnagel, dessen Kopf und Spitze abgeknipst wurden). Die Vorlage mit Sprühkleber auf den Fußrohling kleben. Dann den Rohling in eine hölzerne Schraubzwinge spannen und das Loch mittig in die Kante bohren. Für einen Senkkopfnagel verwenden Sie einen 19-mm-Bohrer. Nur bis knapp unterhalb der Markierung für Teil B bohren.

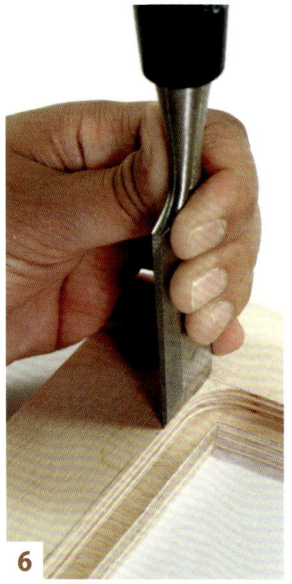

8. Die Ecken aussägen.
Nachdem Sie das Loch für den Scharnierstab gebohrt haben, können Sie mit einem Sägeblatt Nr. 5 mit Gegenzähnen die oberen Ecken des Fußrohlings wegsägen. Werfen Sie sie nicht weg. Sie halten später den Scharnierstab an seinem Platz. Die abgesägten Teile sorgfältig nummerieren bzw. markieren.

9. Den Fußrohling formen und anfasen.
Den Tisch des Winkelschleifers auf 45° kippen. Darauf das Mittenteil des Fußes anfasen. Das gleiche Ergebnis kann man auch mit Feilen und Schleifpapier erzielen. Den Fuß des 45°-Winkels verrunden, damit das Mittenteil nicht klemmt. Die Oberseite muss eine scharfkantige und rechtwinklige Kontur behalten.

10. Die abgesägten Ecken formen.
Damit der Staffeleifuß ordentlich funktioniert, müssen die vorderen unteren Kanten der abgesägten Ecken ebenfalls geschliffen werden. Verrunden Sie sie auf dem Schleifbrett.

Kapitel 3: Wohnaccessoires

11. Beize aufbringen.
Mit einem breiten Farbspachtel und vorsichtigen seitlichen Bewegungen das Vorderteil vom Rückenteil trennen. Die obere Seite markieren. Nun alle Teile, auch den Staffeleifuß, glatt schleifen. Etwas Pigmentbeize oder Farbstoffbeize in ein flaches Gefäß gießen, das Motivteil hineintauchen und auch auf alle anderen Teile Beize auftragen. Denken Sie jedoch daran, die Oberseite des Rückenteils (die Fläche, die man durch die ausgesägten Partien sieht) aus Kontrastgründen ungebeizt zu belassen.

12. Das Vorderteil auf das Rückenteil kleben.
Sobald die Beize getrocknet ist, das Vorderteil unter Verwendung der Vorrichtung zum Ausrichten im rechten Winkel (Seite 189) auf das Rückenteil kleben. Eine gleichmäßige Schicht Weißleim auf die Unterseite des Vorderteils rollen und letzteres sorgfältig auf das bereits in die Vorrichtung eingelegte Rückenteil legen. Schraubzwingen anbringen.

13. Schleifen und Furnieren.
Den Leim trocknen lassen, anschließend die Rahmenkanten mit einem Schleifklotz versäubern. Alle sichtbaren Sperrholzkanten furnieren, damit der Rahmen ansprechend aussieht.

14. Die Fußteile an die rückseitige Einlage kleben.
32 mm unterhalb der Oberkante und 25 mm neben den Seitenkanten mit leicht haftendem Klebeband Orientierungslinien abkleben. Die Teilekennzeichnungen auf die Rückseite der Fußteile schreiben. Den Scharnierstab provisorisch einsetzen. Leim nur auf die Ecken des Fußes auftragen, diese an ihre Position bringen und mit Schraubzwingen festklemmen.

15. Ein Oberflächenmittel auftragen.
Den Leim am vormontierten Staffeleifuß trocknen lassen, dann den langen Scharnierstab herausziehen und auf diese Weise das Mittelteil des Fußes lösen. Alle Teile auf ein Trockengestell legen und mehrere Schichten Oberflächenmittel aufsprühen. Jeweils trocknen lassen und je einen leichten Zwischenschliff mit feinem Schleifpapier durchführen.

16. Den Scharnierstab einsetzen.
Sind alle Teile des Staffeleifußes trocken, den Scharnierstab wieder einsetzen. Dabei darauf achten, dass er durch alle Teile hindurchgeht. Das verbleibende Bohrloch mit einem eingeklebten Stück Zahnstocher verschließen. Den Zahnstocher mit einem Beitel bündig abschneiden und etwas Beize auf das sichtbare Zahnstocherende tupfen.

17. Die Drehfedern befestigen.
Nun den Fotorahmen zusammenbauen. Dazu das Glas, Ihr Foto und den montierten Staffeleifuß zusammenbauen. Mit einem 2-mm-Bohrer an jeder Rahmenseite ein Führungsloch für die Drehfedern bohren. Dann diese mit einem Handschraubendreher und Messingschrauben mit 3,0 mm Durchmesser befestigen.

Kapitel 3: Wohnaccessoires

Kubischer Fotorahmen

Das alternative Fotorahmendesign ist sehr symmetrisch und geometrisch. Ich nenne es „Kubisch". Es macht mir Spaß, mit geometrischen Formen zu spielen und mit ihnen sehr grafische und dynamische Designs zu kreieren. Die Wirkung verstärke ich dann, indem ich kontrastierende Hölzer verwende oder Teile des Stücks mit Farbstoffbeize oder Pigmentbeize koloriere. Auch hier kaschiere ich sichtbare Sperrholzkanten mit Furnier, das ich abschließend beize.

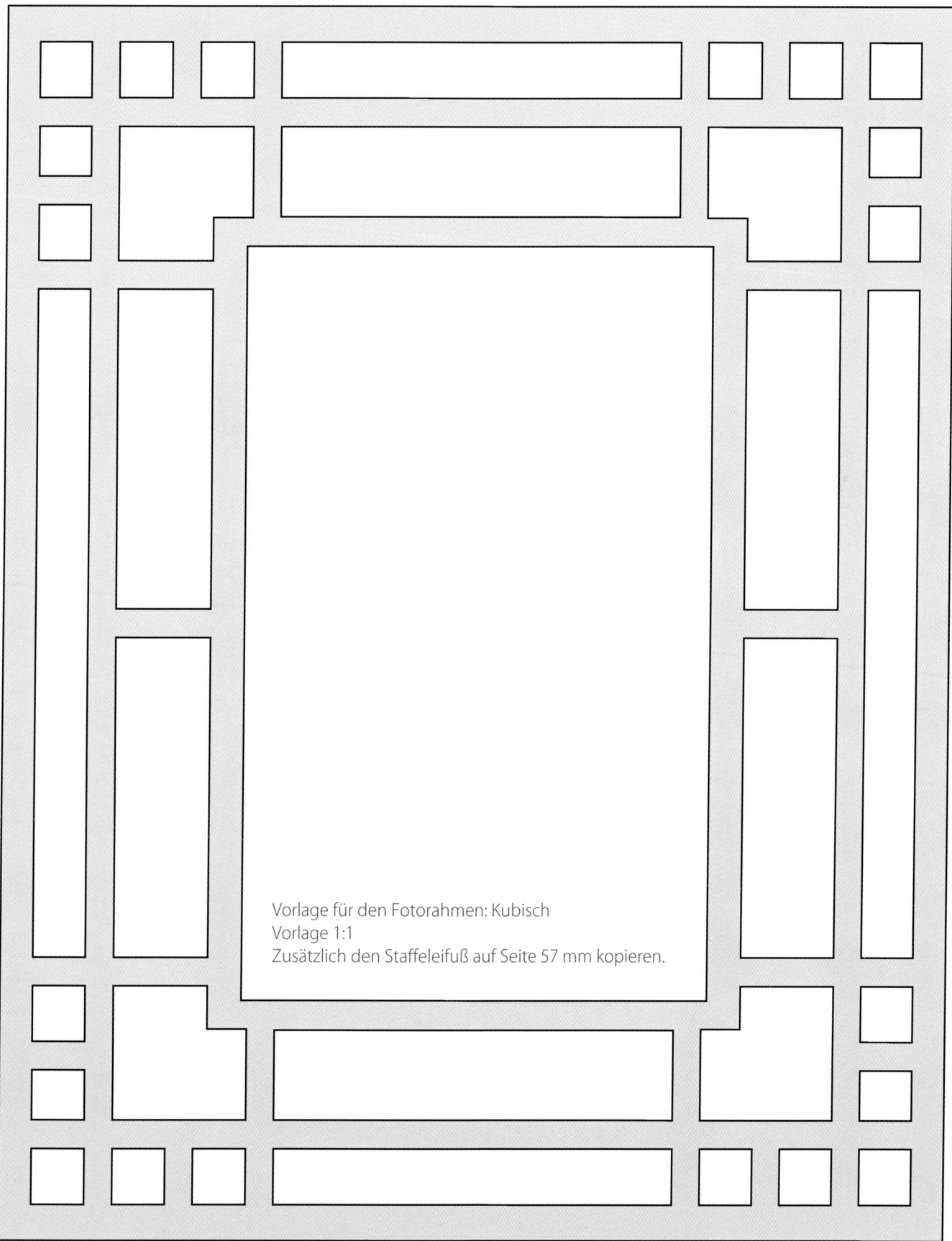

Quadratischer Teelichthalter

WERKZEUG UND MATERIAL

- Tischkreissäge
- Ständerbohrmaschine
- Gehrungssäge
- Bohrer, 2 mm Durchmesser mit Zentrierspitze
- Forstnerbohrer, 41 mm Durchmesser
- Anreißahle
- Heißklebepistole
- Klebepatronen
- Sprühkleber
- Holzleim
- Leimroller
- Bandspanner
- Oberflächenmittel zum Aufsprühen
- Schleifpapier (verschiedene Körnungen)
- Kittmesser
- Beize (nach Wunsch)
- Flache Schale
- Sägeblätter Nr. 5 (mit Gegenzähnen)
- Doppelseitiges Klebeband
- Ahornsperrholz (19 mm)
- Birke (3 mm und 6 mm)

Nichts ist so beruhigend, spirituell und sinnlich wie eine brennende Kerze. Sie kann Behaglichkeit nach einem langen, harten Tag vermitteln, ein Licht in der Dunkelheit sein oder für ein romantisches Candle-Light-Dinner zu zweit sorgen. Ein schöner selbst gemachter Kerzenhalter verstärkt die Wirkung einer brennenden Kerze.

Mein Design für diesen Kerzenhalter hat eine geometrische, moderne Optik. Ich nenne es meine „kubische" Serie. Ich mag, wenn sich kreuzende Linien eine kräftige, grafische Ästhetik entfalten, vor allem, wenn man wie hier zwei kontrastierende Farben verwendet. Die sich kreuzenden Linien tragen auch dazu bei, dass die vier Halter zu einem dynamischen Ganzen zueinanderfinden.

Die Konstruktion der Halter ist einfach und geht schnell von der Hand. Als Spezialwerkzeug benötigen Sie zum Bohren der Vertiefungen für die Teelichter einen 41-mm-Forstnerbohrer. Beachten Sie bitte die üblichen Sicherheitsregeln für den Gebrauch eines hölzernen Kerzenhalters. Setzen Sie niemals das Teelicht unmittelbar in den Halter, verwenden Sie immer den mit dem Teelicht gelieferten Metallnapf. Lassen Sie eine Kerze nie unbeaufsichtigt brennen. Und nun zu unserem glanzvollen Projekt!

Schnittliste

Teil Nr.	Anzahl	Bezeichnung	Maße	Material
1	4	Oberteil	3 mm x 114 mm x 114 mm	Birke
2	4	innerer Kern	19 mm x 102 mm x 102 mm	Ahorn-Sperrholz
3	16	Kantenstreifen	6 mm x 22 mm x 114 mm	Birke

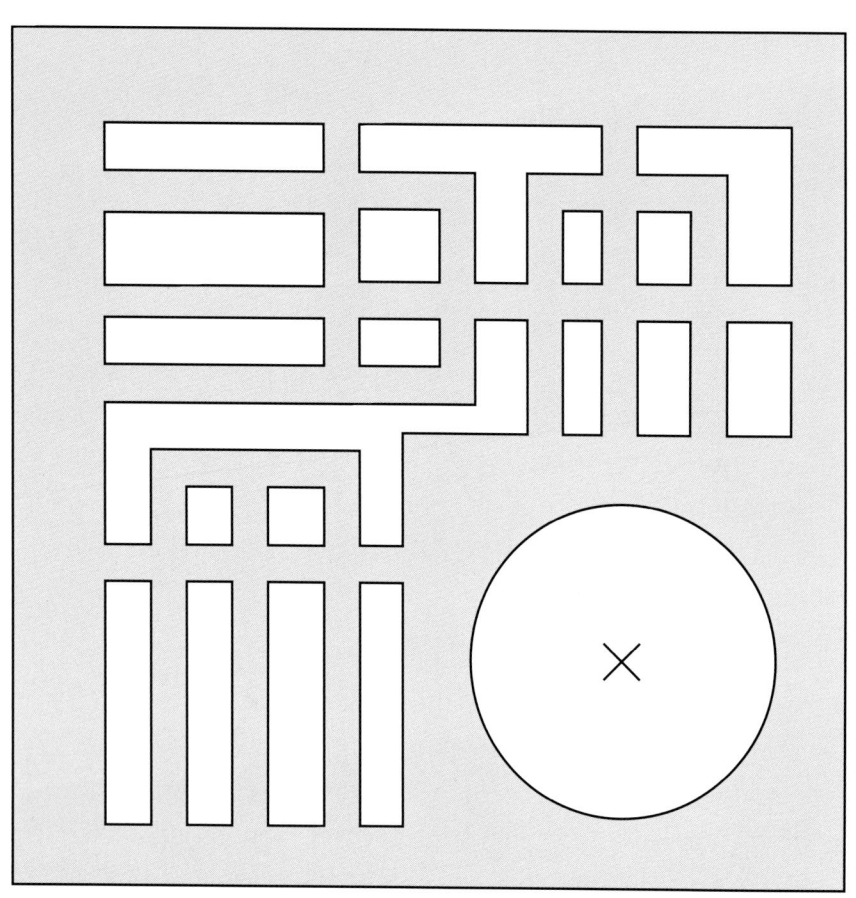
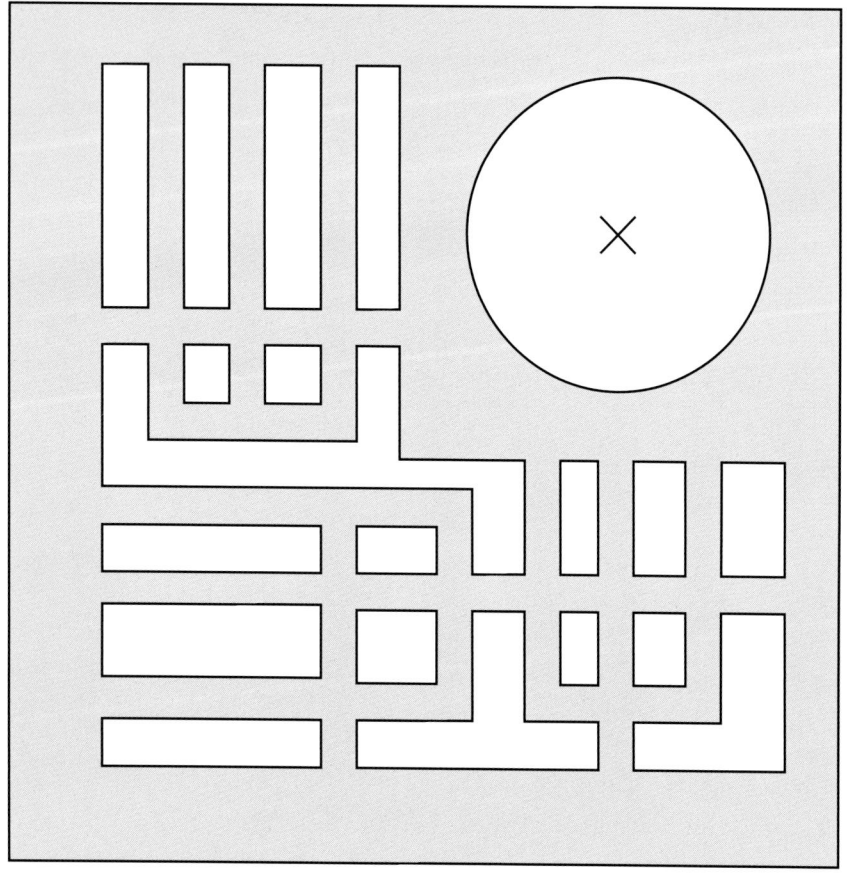

Vorlage für den
quadratischen Teelichthalter:
Kubisch
Vorlage 1:1

Quadratischer Teelichthalter mit kubischem Motiv
Schritt-für-Schritt-Anleitung

1. Holz auswählen und Teile vorbereiten.
Alle Teile auf der Tischkreissäge mit einem Zuschnitt- oder Universalsägeblatt zusägen. Dabei den Kantenstreifen so lang belassen, dass er später mit der Gehrungssäge auf die endgültige Länge und auf Gehrung gesägt werden kann. Ich habe ihn so zugeschnitten, dass ich mindestens 8 Kantenabschnitte aus einem Kantenstreifen erhalte. Da wir 16 Abschnitte benötigen, habe ich zwei lange Streifen gesägt. Nun 2 Oberteile übereinanderstapeln, mit einer Vorlage versehen und Kreppband um die Kanten kleben. Insgesamt benötigen Sie 2 Stapel mit jeweils 2 Oberteilen – einen für die rechte und einen für die linke Seite des Teelichthalters.

2. Die Einfädellöcher für die Sägeblätter bohren.
Mit der Ständerbohrmaschine und einem 2-mm-Bohrer mit Zentrierspitze sämtliche Löcher zum Einfädeln der Sägeblätter bohren, ebenso das Führungsloch für den 41-mm-Forstnerbohrer. Das Führungsloch vorher mit einer Anreißahle anreißen. Dadurch dringt die Bohrerspitze an der richtigen Stelle ein und erzeugt dort das Loch.

3. Die Mustervorlage aussägen.
Die Vorlage mit einem Sägeblatt Nr. 5 mit Gegenzähnen aussägen. Arbeiten Sie von der Mitte nach außen. Da innen liegende Ecken mit der Feinschnittsäge schwierig auszusägen sind, belassen Sie die Ecken zunächst abgerundet und sägen sie in einem zweiten Schritt rechtwinklig.

4. Die Kantenstreifen gehren.
Mit der Gehrungssäge oder mit Handsäge und Gehrungslade die Kantenstreifen mit 45°-Gehrungen versehen. Damit alle 16 Kantenstreifenabschnitte gleich lang werden, arbeitet man mit einem an die Gehrungssäge geklemmten Anschlagklotz. Zuvor jedoch eine Gehrung an ein Ende des Kantenstreifens sägen. Dann die Länge des ersten Kantenstreifenabschnitts messen und anreißen, den Anschlagklotz entsprechend festklemmen und den ersten Kantenstreifenabschnitt ablängen. Danach müssen Sie nur noch den Kantenstreifen von hinten nach vorne drehen und den zweiten Kantenstreifenabschnitt ablängen. So fortfahren, bis alle 16 Kantenstreifenabschnitte auf exakt dieselbe Länge zugeschnitten sind. Vergessen Sie jedoch nicht, den Kantenstreifen nach jedem Schnitt zu drehen.

Kapitel 3: Wohnaccessoires

5. Die Kantenabschnitte anbringen.
Auf die Kanten des inneren Kerns und die Gehrungen der Kantenabschnitte Holzleim auftragen. Mit einem Bandspanner festspannen.

6. Oberteil und Kern provisorisch verbinden.
Die Oberseite des vormontierten Kerns schleifen, bis Kern und Kanten bündig verlaufen. Das Oberteil mit doppelseitigem Klebeband auf dem Kern fixieren.

7. Die Tiefe der Kerzenaussparung anreißen.
Eine Tiefe von 12 mm, gemessen von der Oberkante des montierten Werkstücks, mit einer Linie anreißen. Passen Sie die Tiefe ggf. an die Höhe Ihrer Teelicht an; sie müssen etwas herausragen, vgl. die Fotos. Den Forstnerbohrer in die Ständerbohrmaschine montieren und die Bohrtiefe auf die Höhe der Linie einstellen.

8. Die Kerzenaussparung bohren.
Mit dem 41-mm-Forstnerbohrer ein Loch bohren. Orientieren Sie sich dabei am zuvor gebohrten 2-mm-Führungsloch. Die Geschwindigkeit der Ständerbohrmaschine bei Nadelholz auf 500 UpM und bei Laubholz auf 200 UpM reduzieren. Mehrere kurze Bohrhübe durchführen und dazwischen stets die Späne entfernen. So verhindert man, dass sich der Bohrer festfrisst und überhitzt.

> **Tipp:**
> **Effektive Gehrungszwinge**
> Das beste Hilfsmittel zum Verspannen einer Gehrung ist transparentes Paketklebeband. Es hält die Gehrungen nicht nur fest und passgenau zusammen, aufgrund seiner Durchsichtigkeit hat man darüber hinaus die Passgenauigkeit stets unter Kontrolle.

Quadratischer Teelichthalter

9. Alle Teile schleifen.
Die Oberteilseiten mit einem Schleifklotz bündig zum Unterteil schleifen. Als Schraubstock verwende ich eine hölzerne Handschraubzwinge. Die verschiedenen Schleifpapierkörnungen griffbereit legen.

10. Die Oberteile abnehmen.
Die Oberteile vorsichtig mit einem Kittmesser oder Malerspachtel von den vormontierten Unterteilen trennen. Achten Sie darauf, jedes Oberteil seinem Unterteil genau zuzuordnen. Alle Rückstände des doppelseitigen Klebebands mit Nagellackentferner, Terpentin oder Azeton entfernen.

11. Vor der Montage alle Teile beizen.
Die Oberseite der Unterteile schleifen und von der Unterseite der Oberteile die Grate entfernen. Etwas Pigmentbeize oder Farbstoffbeize in ein flaches Gefäß geben und die Oberteile hineinlegen. Alle Teile des Kerzenhalters mit Ausnahme der Oberseite des Unterteils beizen. Die Kerzenaussparung mit einem Schaumstoffpinsel beizen.

12. Zusammenbauen und die Oberflächen behandeln.
Holzleim sorgfältig mit einem Leimroller auf der Rückseite der Oberteile verteilen und letztere auf die ihnen zugehörigen Unterteile spannen. Dabei jedes Teil akkurat ausrichten und den Druck mit Leimklötzen gleichmäßig verteilen. Eine Schicht transparentes Oberflächenmittel auf den Kerzenhalter aufsprühen, trocknen lassen, mit feinem Schleifpapier leicht anschleifen und eine weitere Schicht aufsprühen. Den Vorgang wiederholen, bis 3 oder 4 Schichten aufgebaut sind.

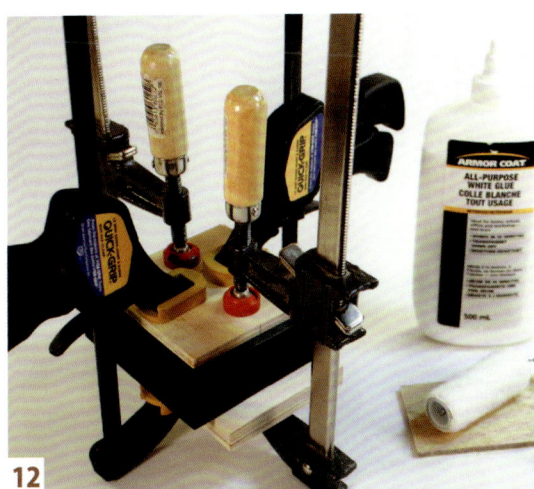

Quadratischer Teelichthalter: Keltischer Schildknoten

Das alternative Design für den quadratischen Teelichthalter habe ich frei nach dem Motiv des keltischen Schildknotens gestaltet. Letzterer ist ein Schutzsymbol, das in der Vergangenheit die Schilde von Kriegern zierte. Ich habe das Design ausgewählt, weil es sich für die vier Einzelteile des Kerzenhalters besonders anbietet. Individuell kann jedes Teil für sich bestehen, zusammengesetzt bilden die Teile ein noch dynamischeres und kraftvolleres Design. Das ähnelt der Stärke des Schildknotens – der weder einen Anfang noch ein Ende hat.

Vorlage für den quadratischen Teelichthalter: Keltischer Schildknoten
Vorlage 1:1

Schlüsselkasten

WERKZEUG UND MATERIAL

- Tischkreissäge
- Nutensägeblatt
- Oberfräse
- Frästisch
- Nutenfräser
- Ständerbohrmaschine
- Bohrer, 4 mm Durchmesser mit Zentrierspitze
- Handbohrmaschine
- Senker
- Sägeblätter Nr. 2 und Nr. 5 (mit Gegenzähnen)
- Exzenterschleifer
- Vorrichtung zum Ausrichten im rechten Winkel (S.192)
- Kantenschleifvorrichtung (S. 189)
- Spannzwingen
- Heißklebepistole
- Klebepatronen
- Holzleim
- Sprühkleber
- Multifunktionswerkzeug, z. B. Dremel
- Winkelvorsatzgerät für das Multifunktionswerkzeug
- Kleiner Ratschenschraubendreher
- 2 Schraubscharniere
- 1 Türknauf (mit Schraube)
- 1 Türschnäpper
- Rechtwinklige Haken, 19 mm
- 2 Holzschrauben (oben), 3,5 mm Durchmesser, 13 mm lang
- 12 Holzschrauben (8 für die Scharniere, 4 für den Türschließer), 3 mm Durchmesser, 10 mm lang
- Furnierband
- Bügeleisen
- Schleifpapier (verschiedene Körnungen)
- Drahtstifte, 13 mm
- Beize nach Wahl
- Furnierpads
- Messing-Unterlegscheiben und passende Schrauben zum Aufhängen des Schlüsselkastens an die Wand

Verlieren Sie immer Ihre Schlüssel? Dafür habe ich eine tolle Lösung in Form dieses speziellen Schlüsselkastens. Er wird Ihnen nicht nur dabei helfen, Ihre Schlüssel unter Kontrolle zu halten, sondern darüber hinaus eine nette Deko für Ihren Hauseingangsbereich abgeben.

Das Kastendesign selbst ist einfach, es hat gerade Linien und eine Tür im Shakerstil, die dem exquisiten Drachenmotiv den Rahmen gibt. Der Drache symbolisiert Mut und Stärke und schützt alle Wertsachen – in diesem Falle also Ihre Schlüssel. Als Holz verwende ich Sperrholz aus Birke, dessen Kanten ich furniere. Ab sofort wissen Sie immer, wo Ihre Schlüssel sind.

Schnittliste

Teil Nr.	Anzahl	Bezeichnung	Maße	Material
1	2	Seitenteile	10 mm x 64 mm x 235 mm	Birke
2	1	unteres Oberteil	10 mm x 64 mm x 178 mm	Birke
3	1	Boden	10 mm x 64 mm x 178 mm	Birke
4	1	Rückenteil	6 mm x 178 mm x 229 mm	Birke
5	1	Oberteil	10 mm x 76 mm x 210 mm	Birke
6	2	Hakenleisten	6 mm x 165 mm x 25 mm	Birke
7	1	Türhintergrund	6 mm x 162 mm x 213 mm	Mahagoni-Sperrholz
8	2	Türquerträger	10 mm x 25 mm x 108 mm	Birke
9	2	Türlängsträger	10 mm x 25 mm x 213 mm	Birke
10	1	Türfüllung	3 mm x 108 mm x 162 mm	Birke

Schlüsselkasten mit Drachenmotiv
Schritt-für-Schritt-Anleitung

1. Das Material vorbereiten.
Legen Sie die Schnittliste bereit, und schneiden Sie alle Teile auf der Tischkreissäge zu. Die Hakenleisten zunächst mit etwas Aufmaß und später präzise zuschneiden. Stets alle Teile gemäß Schnittliste nummerieren. Für dieses Projekt sind viele Teile erforderlich, prüfen Sie daher, ob sie vollständig sind.

2. Die Teile zum Schneiden der Nuten vorbereiten.
Um den Überblick zu behalten, an welcher Stelle die einzelnen Nuten geschnitten werden müssen, die betroffenen Teile auslegen und jedes zugehörige Ende kennzeichnen. Die hinteren Kanten jedes Teils festlegen. Danach die Breite und die Tiefe der Nuten auf allen Teilen festlegen.

3. Die Nuten an den Seitenteilen zur Aufnahme von unterem Oberteil und Boden schneiden.
Mit der Tischkreissäge und einem auf 10 mm Schnittbreite eingestellten Nutsägeblatt an jedem Seitenende eine 6 mm breite und 10 mm tiefe Nut sägen. Hat man einen Frästisch, kann man mit einem Nutfräser das gleiche Ergebnis erzielen. Da wir die Seitenenden mit Nuten versehen, müssen wir den Gehrungsanschlag der Tischkreissäge verwenden, um das Werkstück über das Nutsägeblatt zu führen. Um dabei sicherzustellen, dass die Nut an jedem Ende an der gleichen Position liegt, benötigen wir am Gehrungsanschlag einen Anschlagklotz. Damit dieser montiert werden kann, müssen wir ein Brett als Hilfsanschlag am Gehrungsanschlag anbringen. Der Anschlag muss lang genug sein, um einen Anschlagklotz daran befestigen zu können und er dient gleichzeitig zur Unterstützung des Seitenteils, wodurch Ausrisse an der rückseitigen Kante verhindert werden. Achten Sie darauf, als Erstes die Schnitttiefe des Nutsägeblatts einzustellen.

Vorlage für den Schlüsselkasten: Drachenmotiv
Vorlage 1:1

Schlüsselkasten

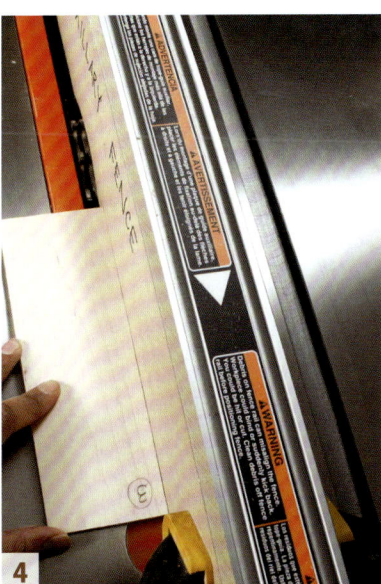

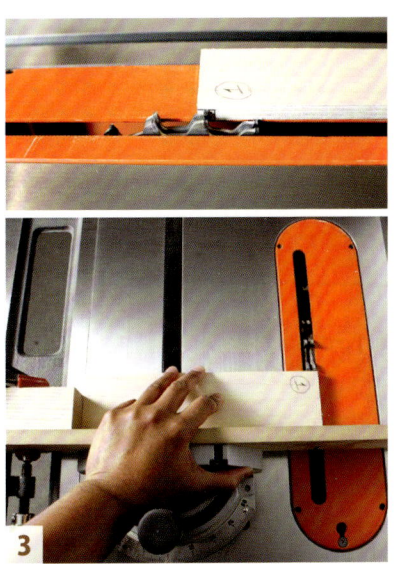

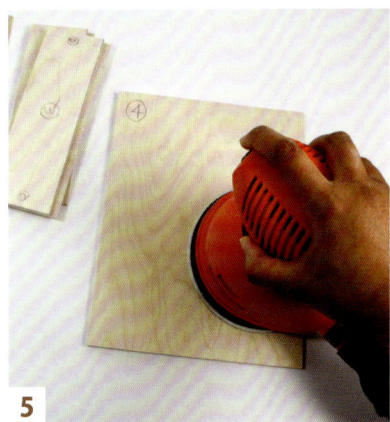

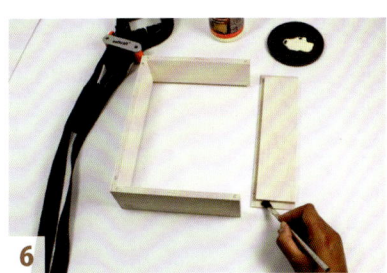

4. Die verbliebenen Nuten für die Aufnahme des Rückenteils schneiden.

Zur Aufnahme des 6 mm starken Rückenteils an jedem Seitenteil, dem unteren Oberteil und dem Boden 6 mm tiefe und 6 mm breite Nuten an den hinteren Kanten sägen. Dazu die Teile entlang dem Tischkreissägenanschlag über das Nutsägeblatt führen. Da es bequemer ist, die 10 mm breite Einstellung des Nutsägeblatts beizubehalten, ist es wichtig, den Maschinenanschlag mit einem zusätzlichen Hilfsanschlag aus Holz auszustatten (siehe Bild 4, Seitenleiste).

(Anmerkung zur deutschen Ausgabe: Nutsägeblätter sind in Deutschland nicht erlaubt. Alternativ kann man Nuten auch mit einem gewöhnlichen Kreissägeblatt sägen oder wie im Text erwähnt mit einem Nutfräser.)

5. Alle Kastenteile vorschleifen.

Sowie alle Nuten gesägt sind, mit einem Exzenterschleifer alle innen liegenden Flächen der Kastenteile glatt schleifen. Es ist einfacher, sie vor dem Zusammenbau zu schleifen. Wollen Sie den Schrank beizen, ist nun auch hierfür der richtige Zeitpunkt.

6. Den Kasten zusammenbauen.

Vor dem Verleimen eine Probemontage durchführen. Sind Sie mit der Passung zufrieden, leimen Sie das untere Oberteil und den Boden in die Endnuten eines Seitenteils. Dann das andere Seitenteil leimen und an seinen Platz schieben.

7. Den Kasten einspannen.
Den Kasten mit einem Bandspanner oder mit transparentem Paketklebeband in Form spannen. Abschließend durch Messen der Diagonalen prüfen, ob der Kasten rechtwinklig ist.

8. Das Rückenteil befestigen.
Danach eine Kleblinie in die Nutecken geben und das Rückenteil einsetzen. Mit Drahtstiften festnageln. Halten Sie sich stets vor Augen, wie viel Nutbreite für die Nägel zur Verfügung steht.

9. Die Kastenkanten furnieren (nach Belieben).
Die Furnierinnenkanten mit den Kasteninnenkanten ausrichten. Das Furnier zunächst an der oberen und unteren Kante und dann an den Seitenkanten aufbügeln, jedoch nicht an den Ecken. Die Seitenfurniere müssen das obere und das untere Furnier überlappen.

10. Die Kastenecken furnieren (nach Belieben).
Mit einem scharfen Abbrechmesser passgenaue Stoßkanten schneiden. Das Seitenfurnier als Führungslinie nehmen und das obere und untere Furnier abschneiden. Nun das Furnier an den Ecken aufbügeln. An der Außenkante überstehendes Furnier mit einem scharfen Abbrechmesser abschneiden. Die Furnierinnenkanten mit einer Feile versäubern. Vergessen Sie nicht, sichtbare Kanten des Oberteils zu furnieren. Kastenaußenseite und Oberteil glatt schleifen.

Aus Holz einen Hilfsanschlag herstellen

Wenn Sie Ihre Tischkreissäge mit einem Hilfsanschlag aus Holz ausstatten, gehen Sie Sicherheitsrisiken aus dem Weg und vermeiden, Ihr schönes gekauftes Anschlagzubehör zu ruinieren.

1. Befestigen Sie ein Stück Abfallholz an Ihrem Maschinenanschlag.
2. Das Nutensägeblatt bis gut unterhalb der Sägetischfläche absenken.
3. Den Anschlag auf etwa die Breite der Nut über das Sägeblatt führen.
4. Die Säge einschalten. Nun das Sägeblatt langsam und vorsichtig bis auf etwa die Höhe der Nut anheben. Das Nutensägeblatt ist nun unter dem Hilfsanschlag verdeckt.

Der hölzerne Hilfsanschlag schützt den Anschlag Ihrer Maschine.

Schlüsselkasten

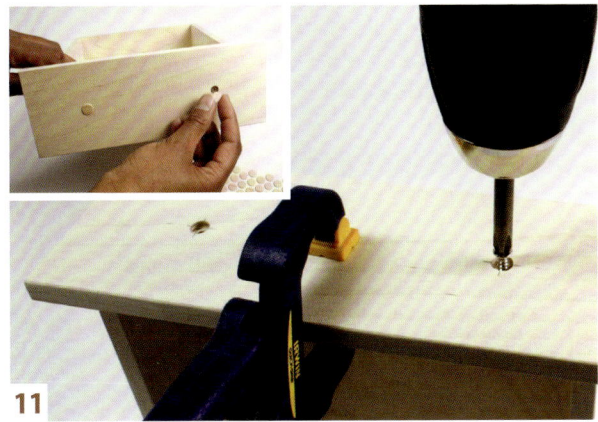
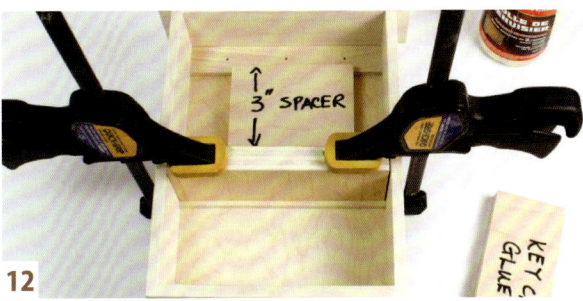

11. Das Oberteil anbringen.
Das Oberteil auf dem Kasten ausrichten. Seine Enden müssen die Seiten gleichmäßig überragen, die hintere Kante muss bündig mit dem Rückenteil des Kastens verlaufen. Das Oberteil festspannen und mit einem Senkbohrer zwei Löcher bohren. Mit 13 mm langen Holzschrauben, 3,5 mm Durchmesser, befestigen. Die Schraubenlöcher mit selbstklebenden Furnierpads verdecken.

12. Die Hakenleisten ausmessen und zuschneiden.
Um die Länge der Hakenleisten festzulegen, legen Sie sie an die Innenkante des Kastens und reißen das gegenüberliegende Ende innen an. So erhalten Sie eine perfekte Passung. Ablängen.

13. Die Hakenleisten einkleben.
Vor dem Einkleben der Hakenleisten mit der Bohrmaschine Löcher für die Haken bohren. Mithilfe einer 76 mm langen Abstandslehre und eines tiefen Leimklotzes die Hakenleisten an die gewünschte Stelle kleben und festspannen.

14. Die Tür bauen.
Die Oberseite des Türhintergrunds (Nr. 7) vorbeizen. Trocknen lassen und mit der Vorrichtung zum Ausrichten im rechten Winkel (Seite 189) Türquer- und Türlängsträger auf den Türhintergrund kleben. Mit Zwingen festspannen, diese auf die Stoßverbindungen setzen.

15. Die Vorlage aussägen.
Während die vormontierte Tür trocknet, die Vorlage aussägen. Mit der Heißleimpistole die Türfüllung auf einen Untergrund aus Abfallholz kleben. Die Einfädellöcher für die Sägeblätter mit der Ständerbohrmaschine und einem 2-mm-Bohrer bohren. Dann die Vorlage mit Sägeblättern Nr. 2 oder Nr. 5 mit Gegenzähnen aussägen.

Kapitel 3: Wohnaccessoires

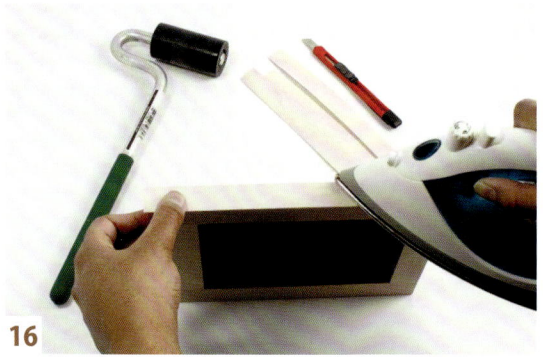

16. Türkanten furnieren.
Herausgetretenen Leim vollständig entfernen. Einen 19 mm breiten Furnierbandstreifen zuschneiden. Er muss etwas länger sein als die zu furnierende Kante. Den Streifen auf die Kante legen und mit einem heißen Bügeleisen langsam von einem Ende zum anderen aufbügeln. Das Furnier mit einer Furnierrollwalze oder einem Stück Holz glatt walzen. Ich beginne meist mit der Ober- und Unterkante der Tür, schneide die Streifenkanten und -enden bündig und furniere dann die Seiten.

17. Die Türfüllung zuschneiden.
Die exakten Maße der Türfüllung ermitteln. Dazu die Innenkanten des Türrezesses ausmessen. Die Maße als neue Außenkontur auf die Vorlage übertragen. Die Türfüllung mit der Feinschnittsäge und einem Sägeblatt Nr. 5 mit Gegenzähnen zuschneiden. Die Kanten mit der Kantenschleifvorrichtung (Seite186) versäubern.

18. Die Türfüllung in den Türrezess einkleben.
Eine gleichmäßige Schicht Weißleim auf die Rückseite der Türfüllung auftragen. Die Türfüllung in den Türrezess einlegen. Einen passgenauen Leimklotz auf die Türfüllung legen und das Ganze festspannen.

19. Die Scharniere montieren.
Ich bringe die Scharniere gerne zuerst am Kasten an. Zum Bohren der Schraubenlöcher empfehle ich ein Multifunktionswerkzeug mit Winkelvorsatz. Als Markierung für die zu bohrende Lochtiefe sollten Sie an der entsprechenden Stelle ein Stück Kreppband auf den Bohrer kleben. So passiert es Ihnen nicht so leicht, dass Sie bis zur anderen Kastenseite durchbohren.

20. Die Tür in die Kastenöffnung einpassen.
Damit Sie rund um die Tür gleichmäßige Abstände erhalten, können Sie beim Einpassen der Tür in die Türöffnung Furnierstücke als Keile verwenden. Ideal sind ca. 2 mm bzw. die Stärke eines Euros. Die Scharnierposition auf der Tür anreißen und die Schraubenlöcher vorbohren. Die Tür anbringen.

21. Den Türschnäpper befestigen.
Das größere Teil des Türschnäppers etwas oberhalb der Hälfte innen im Kasten anbringen. Das Teil mit dem Ratschenschraubendreher festschrauben.

22. Das kleinere Türschnäpperteil befestigen.
Das kleinere Schnäpperteil in das größere Teil drücken. Dann die Tür schließen und leicht andrücken. Da das kleinere Teil rückseitig mit winzigen Zähnen versehen ist, verbleiben kleine Einkerbungen, die beim Ausrichten und Positionieren hilfreich sind. Festschrauben.

23. Den Türknauf montieren.
Ich befestige den Türknauf gerne etwa in Türmitte. Das ist nicht nur für das Auge gefällig, sondern verhindert auch das Klemmen der Tür beim Öffnen. Das Loch für die Aufnahme der Schraube mit einem 4-mm-Bohrer mit Zentrierspitze bohren. Um ein Ausbrechen des Holzes zu vermeiden, beim Bohren ein Stück Abfallholz unterlegen.

24. Die Schlüsselhaken befestigen.
Jeweils 32 mm von jedem Ende der Hakenleisten entfernt mit der Rundspitzzange einen Haken eindrehen. Nun für die Wandaufhängung des Kastens zwei Schraubenlöcher durch die Rückwand bohren. Mit Unterlegscheiben aus Messing und geeigneten Schrauben an der Wand befestigen. Achten Sie auch auf geeignete Dübel in der Wand, damit der Schlüsselkasten sicher hängt.

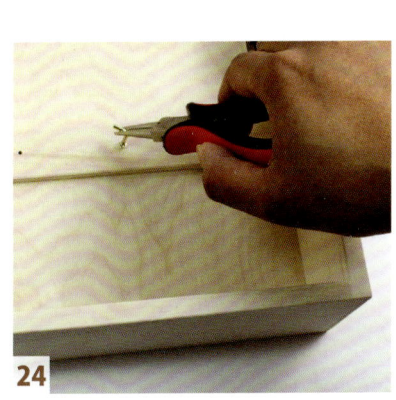

Schlüsselkasten mit Bambusmotiv

Das alternative Design für den Schlüsselkasten ist das Bambusmotiv. Es unterscheidet sich leicht vom Design der Schritt-für-Schritt-Anleitung, zwar nicht hinsichtlich der Bauweise, aber hinsichtlich Thema und Farbe. Bambus ist in vielen asiatischen Kulturen ein Glückssymbol. Man verwendet es bei der praktischen Anwendung des Feng Shui, welches die fünf Elemente – Wasser, Feuer, Erde, Holz und Metall – miteinander verbindet, um den Wohn- und Lebensraum harmonischer zu gestalten. Aufgrund seiner Stabilität setzt man Bambus im Haus zur Stärkung des positiven Energieflusses ein. Da Rot ebenfalls eine Glücksfarbe in der asiatischen Kultur

Schlüsselkasten mit Bambusmotiv

darstellt, habe ich den Schlüsselkasten zur Betonung dieser Symbolik in einem satten, roten Mahagoni-Farbton gebeizt. Wie bereits in der Anleitung erwähnt, sollten Sie – falls Sie den Kasten beizen möchten – die Innenseite der Kastenteile vor dem Verleimen und Zusammenbauen beizen. Auch die Tür wird anders behandelt. Statt die Oberseite des Türhintergrunds zu beizen, beizen Sie zunächst die Quer- und Längsträger der Tür und kleben diese auf den Hintergrund. Ist der Leim trocken, furnieren Sie die Türkanten und beizen den Rest der Tür. Sowie die Vorlage auf der Türfüllung ausgesägt ist, können Sie auch diese beizen.

Vorlage für den Schlüsselkasten:
Bambusmotiv
Vorlage 1:1

Kapitel 3: Wohnaccessoires

Akzentleuchte

Mit einer Akzentleuchte kann man in jedem Raum, in dem Sie weder zu viel noch zu wenig Licht haben möchten, hervorragend Atmosphäre verbreiten. Dieses Projekt birgt im Vergleich zu den vorherigen ein paar zusätzliche Herausforderungen. Es macht aber auch umso mehr Spaß. Lassen Sie sich zu Anfang nicht einschüchtern. Ich führe Sie langsam durch das Projekt und gemeinsam werden wir Licht ins Dunkel bringen!

Das Design folgt einer asiatischen Ästhetik mit klarer Linienführung. Das Kirschblütenmotiv betont diese Ästhetik. Ich habe dabei die gleichen kontrastierenden Elemente eingesetzt wie im Fotorahmenprojekt und die fließenden, geschwungenen Linien der Kirschblüte mit den strengen, geraden Linien des shojiartigen Rahmenwerks vereint.

Akzentleuchte

Als Holz verwende ich schön gemaserten Oregon-Ahorn. Sie benötigen Acrylscheiben für Leuchten, die man in den meisten Baumärkten erhält, Elektromaterial für Leuchten, einschließlich Schalter, eine Lüster-Glühlampe mit niedriger Wattzahl und eine Abisolierzange. Eine Oberfräse mit Frästisch und Nutenfräser zum Ausarbeiten der Nuten ist von Nutzen. Alternativ können Sie sie mit dem Beitel von Hand ausarbeiten.

WERKZEUG UND MATERIAL

- Tischkreissäge
- Gehrungssäge
- Oberfräse mit Frästisch
- Nutenfräser, 6 mm Durchmesser
- Ständerbohrmaschine
- Bohrer, 2 mm Durchmesser
- Bohrer, 10 mm Durchmesser mit Zentrierspitze
- Sägeblätter Nr. 2 und Nr. 5 (mit Gegenzähnen)
- Bandspanner, 3 Stck.
- Beitel
- Klüpfel
- Holzleim
- Klebepatronen
- Heißklebepistole
- Sprühkleber
- Schleifpapier (verschiedene Körnungen, inkl. 320)
- Acrylkleber
- Lüster-Glühlampe mit niedriger Wattzahl

- Acrylscheibe für Leuchten
- Gehrungslade/Rückensäge
- Rundstab/Holzdübel, 19 mm Durchmesser, 8 mm lang
- Abbrechmesser
- Kittmesser
- Transparentes Paketklebeband
- Flachwinkel aus Stahl
- Beize (nach Wahl)
- Oberflächenmittel zum Aufsprühen nach Wahl
- Elektrokabel mit Stecker und Schalter
- Kerzenlampenfassung
- Schraubnippel, 32 mm
- Mutter und Unterlegscheibe
- Isolierüberzug aus Karton (Teil der Lampenfassung)
- Abisolierzange
- Flachschraubendreher

Das Material für Verkabelung und Lampenfassung erhalten Sie im Elektrofachhandel.

Schnittliste

Teil Nr.	Anzahl	Bezeichnung	Maße	Material
1	4	Seitenteile	6 mm x 127 mm x 203 mm	Oregon-Ahorn
2	4	Längspfosten	19 mm x 19 mm x 324 mm	Oregon-Ahorn
3	4	Querpfosten	19 mm x 19 mm x 114 mm	Oregon-Ahorn
4	8	Halterungen	6 mm x 10 mm x 114 mm	Oregon-Ahorn
5	1	Querstrebe, Halterung für die Fassung	6 mm x 32 mm x 116 mm	Birken-Sperrholz
6	1	Sockel	19 mm x 8 mm	Rundstab/Holzdübel
7	4	Leuchtenscheiben	nach Maß	Acryl

Kapitel 3: Wohnaccessoires

Vorlage für die Akzentleuchte: Kirschblütenmotiv
Vorlage 1:1

Akzentleuchte mit Kirschblütenmotiv Schritt-für-Schritt-Anleitung

1. Das Material vorbereiten.
Das Sägeblatt der Tischkreissäge auf 45° kippen und die Längsseitenkanten der Teile Nr. 1 (Seitenteile) und die Schmalseitenkanten der Teile Nr. 4 (Halterungen) mit Gehrungen versehen. Das Sägeblatt wieder senkrecht zum Tisch stellen und die Seiten mit Gehrungsanschlag und Anschlagklotz ablängen. Nun alle weiteren Teile sägen: Die Teile Nr. 3 (Querpfosten), Nr. 4 (Halterung) und Nr. 5 (Halterung für die Fassung) nur grob ablängen.

2. Alle Teile nummerieren und die Oberfräse vorbereiten.
Alle Teile nummerieren. Die Acrylscheiben werden erst später auf Länge und Breite zugeschnitten. Einen 6-mm-Nutenfräser in die Oberfräse einspannen. Den Oberfräsenanschlag mit der hinteren Fräserkante bündig einstellen. Wir benötigen bei den Teilen Nr. 2 (Längspfosten) eine 6 mm breite und 6 mm tiefe abgesetzte Nut. Diese Nuten dienen der Aufnahme der Teile Nr. 1. Die Nut verläuft von der Längspfostenoberkante 203 mm nach unten, exakt die Länge der Teile Nr. 1.

3. Die Nuten fräsen.
Die Fräservorderkante mit einem Flachwinkel auf dem Anschlag anreißen (Fräsbereich). Diese Markierung ist wichtig, da wir den Fräser beim Fräsen nicht sehen können. Nun auf dem Längspfosten das Nutende anreißen. Die Markierungen an Längspfosten und Anschlag miteinander ausrichten, das Ganze festhalten und einen Anschlagklotz am Frästisch festspannen. So werden alle Nuten auf die gleiche Länge gefräst.

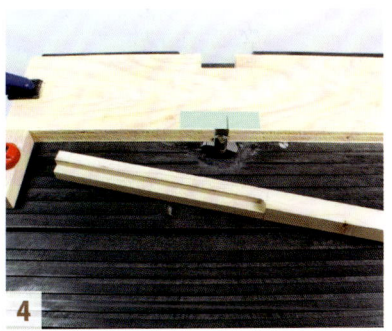

4. Die abgesetzten Nuten in die Längspfosten fräsen.
Beim Fräsen tiefer Nuten macht man am besten mehrere Schübe über den Fräser, bis die gewünschte Tiefe erreicht ist. So verhindern Sie ein Ausbrechen des Holzes und vermindern die Belastung des Fräsers. Nun die Nut vorsichtig, aber zügig bis zum Anschlagklotz fräsen. Arbeiten Sie beim Fräsen zur Sicherheit mit einem Schiebestock.

5. Die Nuten rechtwinklig ausarbeiten.
Sie werden feststellen, dass der Fräser an den Nuten abgerundete Ecken hinterlässt. Diese lassen sich mit einem sehr scharfen Beitel und einem Klüpfel leicht rechtwinklig ausarbeiten. Achten Sie darauf, dass das Werkstück fest an die Werkbank gespannt ist.

Kapitel 3: Wohnaccessoires

6. Die Seitenteile stapeln.
Mit der Vorrichtung zum Ausrichten im rechten Winkel (siehe S. 189) die gegehrten Seitenteile stapeln und sauber ausrichten. Ich ziehe es vor, jeweils nur zwei Seitenteile zu stapeln, alle vier Seiten ergäben eine unpraktische Dicke von 25 mm. Um sie zusammenzuhalten, können Sie einige Streifen doppelseitiges Klebeband zwischen die Schichten legen oder Kreppband um die Kanten kleben.

7. Die Einfädellöcher für die Sägeblätter bohren.
Auf der Ständerbohrmaschine mit einem 2 mm starken Bohrer die Löcher zum Einfädeln der Sägeblätter bohren.

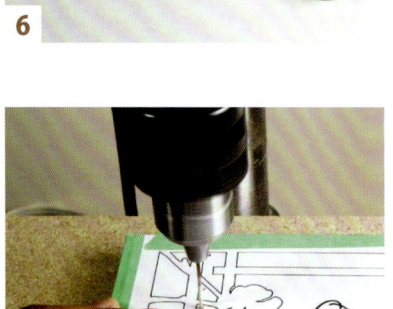

8. Die Vorlage aussägen.
Zunächst mit einem Sägeblatt Nr. 2 oder Nr. 5 mit Gegenzähnen auf der Feinschnittsäge alle Innenschnitte ausführen. Vergessen Sie nicht, stets in der Mitte mit den filigransten Schnitten zu beginnen und zu den Randbereichen mit weniger heiklen Schnitten hinzuarbeiten.

9. Die Seitenteile auslegen.
Grate auf der Rückseite der Seitenteile wegschleifen. Die Seitenteile mit den Gehrungen nach unten nebeneinander ausrichten und die Kanten der gegehrten Seiten mit transparentem Paketklebeband zusammenkleben. Die Oberkante der Seitenteile dabei mit einem Lineal ausrichten.

10. Die Seitenteile verleimen.
Das Ganze wenden, sodass die Gehrungen nach oben zeigen. Auf alle Gehrungen eine gleichmäßige Schicht Holzleim auftragen.

11. Die Seitenteile miteinander verbinden.
Alle Seitenteile aufstellen, aneinanderklappen und das Ganze mit transparentem Klebeband verbinden. Bevor der Leim trocknet, durch Messen der Diagonalen prüfen, ob die Konstruktion rechtwinklig ist. Ist dies nicht der Fall, über der längeren Diagonalen eine Spannzwinge anbringen. Wenn der Leim trocknet, hilft dies, das vormontierte Werkstück in den rechten Winkel zu bringen.

Akzentleuchte

12. Die Halterungen zuschneiden.
Ich säge die Halterungen am liebsten auf der Feinschnittsäge, da dies die sicherste Methode ist, derart kleine Teile zuzuschneiden. Befestigen Sie einen einfachen spitz zulaufenden Führungsstab 10 mm neben dem Feinschnittsägenblatt (entspricht der Breite der Halterung). Der Führungsstab hilft gegen die Abdrift des Sägeblatts und erleichtert den gleichmäßigen Schnitt. Sowie eine Halterung zugesägt ist, reißt man die nächste an. Insgesamt benötigen Sie acht Halterungen.

13. Die Kerben für die Querstrebe schneiden.
Mittig auf zwei Halterungen die Querstrebe für die Fassung legen und die Kerbenbreite anreißen. Die Kerbe muss 32 mm breit und 6 mm tief sein. Um sicher zu sein, dass die Kerben richtig ausgerichtet sind, die beiden Halterungen mit den Gehrungen nach innen aufeinanderlegen und mit doppelseitigem Klebeband miteinander verbinden. Dann die Kerben mit der Feinschnittsäge und einem Sägeblatt Nr. 5 mit Gegenzähnen sägen.

14. Die Halterungen verleimen.
Hier wie beim Verleimen der Seiten arbeiten. Die vormontierten Halterungen erst mit Holzleim miteinander verleimen, wenn Sie vollständig mit ihrer Passung in den vormontierten Seitenteilen zufrieden sind.

15. Die Querstrebe zuschneiden.
Ein Ende der grob abgelängten Querstrebe rechtwinklig sägen. Dieses Ende bündig in eine Kerbe der vormontierten Halterungen setzen und das überstehende Ende in die andere Kerbe einsetzen. Nun die äußere Kante, an der die Querstrebe auf die Halterung trifft, anreißen. Dann die Querstrebe auf Maß sägen.

16. Den Sockel auf die Querstrebe kleben.
Das 19-mm-Rundstab- oder Dübelstück in einer Gehrungslade mit einer Rückensäge auf 8 mm ablängen. Daraus wird ein Sockel, der den 10-mm-Schraubnippel für die Lampenverdrahtung aufnimmt. Den Sockel mit etwas Holzleim mittig auf die Querstrebe kleben und mit einer Schnellspannzwinge festklemmen.

87

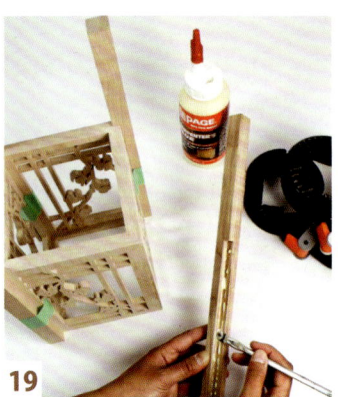

17. Das Sockelloch bohren.
Ist der Leim auf der vormontierten Querstrebe trocken, die Sockelmitte anreißen. Mit einem 10-mm-Bohrer mit Zentrierspitze ein Loch mittig hindurchbohren.

18. Die Halterungen einleimen.
Holzleim auf die Außenkanten der vormontierten Halterungen auftragen. Die Halterung mit der Kerbe am unteren Ende der vormontierten Seitenteile so einkleben, dass die Kerben nach oben zeigen. Während der Leim abbindet, die Halterungen mit Spannzwingen festspannen. Trocknen lassen und dann die Ober- und Unterseite mit einer Kantenschleifvorrichtung (Seite 186) plan schleifen.

19. Die Längspfosten an die vormontierten Seiten kleben.
Ehe Sie die Längspfosten an die vormontierten Seiten kleben, die Innenseite jedes Pfostens schleifen. Achten Sie darauf, die Ecken und Kanten nicht zu verrunden. Holzleim in die Längspfostennuten auftragen und das Ganze mit Bandspannern verspannen.

20. Die Querpfosten anbringen.
Nachdem Sie das Werkstück auf Rechtwinkligkeit geprüft haben, ermitteln Sie die exakte Länge der Querpfosten: Man hält ein rechtwinkliges Ende eines Querpfostens an die Innenkante eines Längspfostens und reißt den Querpfosten dort an, wo sein anderes Ende auf die Innenkante des nächsten Längspfostens trifft. Mit einer Gehrungs- oder der Tischkreissäge ablängen. Leimen und festspannen.

21. Oberflächenmittel auftragen.
Sowie der Leim trocken ist, die Leuchte insgesamt mit Schleifklotz und Schleifpapier in unterschiedlichen Körnungen glatt schleifen. Alle scharfen Ecken und Kanten brechen. Auch die vormontierte Halterung für die Fassung schleifen. Drei oder mehr Schichten Oberflächenmittel aufsprühen und jeweils mit Schleifpapier Korn 320 einen leichten Zwischenschliff durchführen.

Akzentleuchte

22a. Die Teile für die Lampenverdrahtung zusammenstellen und montieren.
Nun alle für die Verdrahtung erforderlichen Teile zusammenstellen: elektrisches Kabel mit Stecker und Schalter, Kerzenlampenfassung, vormontierte Halterung für die Fassung, Abisolierzange, Flachschraubendreher. Das Kabel an der Lampenfassung befestigen **(22b)**.

23. Die vormontierte Lampenfassung auf die Querstrebe montieren.
Die vormontierte Lampenfassung in das Sockelloch an der Querstrebe einsetzen. Danach die Unterlegscheibe einlegen und die Mutter an der Unterseite der Halterung für die Fassung mit einem Schraubenschlüssel festziehen. Lassen Sie sich im Elektrofachgeschäft zur Isolierung der Fassung beraten. Die fertig montierte Halterung für die Fassung in die Kerben an der unteren Halterung der Leuchte kleben.

Die Abb. 22 und 23 stammen aus der amerikanischen Origianlausgabe und zeigen z. T. Komponenten, die in Deutschland nicht erhältlich sind.

24. Die Acrylscheiben einkleben.
Mit einem sehr scharfen Abbrechmesser die Acrylscheiben zuschneiden. Man ritzt die Scheibe mehrmals an und bricht sie dann entlang der Fissur. Nun rund um jede Scheiben etwas Silikonkleber auftragen. Alle Scheiben einsetzen und andrücken. Anti-Rutsch-Punkte unter der Lampe anbringen und eine Lüster-Glühlampe mit maximal 25 Watt einschrauben.

22a

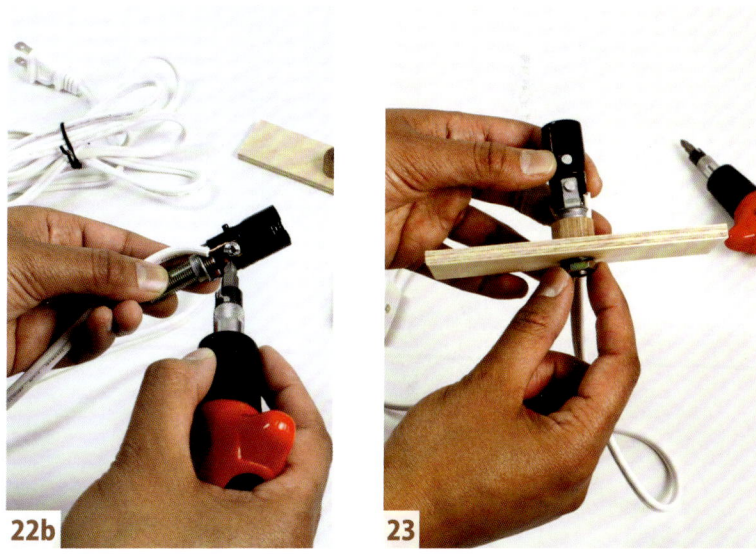
22b   23

24

Akzentleuchte mit Orchideenmotiv

Das alternative Leuchtendesign fußt – wiederum – auf meiner Liebe zu Orchideen. Ich wende die gleichen Designprinzipien an, wie man sie beim Kirschblütenentwurf erkennen konnte. Die Orchideenleuchte passt auch gut zum Fotorahmen mit Orchideenmotiv (Seite 54). Das ist das Schöne bei meinen Entwürfen. Sie können mit ihnen spielen und aufeinander abgestimmte Objekte schaffen, die sich gleichen oder voneinander vollkommen unterscheiden. Machen Sie Kollektionen, die Funktionalität in Ihr Heim oder in Ihr Büro bringen und den Raum illuminieren. Ich habe mich dazu entschlossen, diese Leuchte zu beizen. Es gibt eine Reihe Schritte, die Sie berücksichtigen müssen, wenn Sie sich ebenfalls dafür entscheiden. Ehe Sie die gegehrten Seitenteile verleimen und vormontieren, müssen Sie die Teile beizen. Gleichzeitig sollten Sie die Innenkanten der Längs- und Querpfosten ebenfalls beizen. Eigentlich geht es um alle Teile, von denen zu erwarten ist, dass das ordentliche Beizen nach dem Verleimen und Montieren der Leuchte Probleme bereiten könnte. Sind Sie dann so weit, die Teile zu verleimen, sollten Sie alle infrage kommenden Bereiche mit Malerkrepp abkleben, um zu verhindern, dass Leim heraustritt. Z. B. denke ich an die Innenkanten, an denen die Längspfosten auf die Seitenteile treffen.

Akzentleuchte mit Orchideenmotiv

Vorlage für die Akzentleuchte: Orchideenmotiv
Vorlage 1:1

KAPITEL 4

WANDDEKORATION

Das folgende Kapitel enthält meine Wanddeko-Serien. Jedes Projekt bin ich auf etwas unterschiedliche Weise angegangen, sei es in Form oder Größe. Beim ersten Projekt handelt es sich um ein großes Quadrat, das sich aus vier kleineren Quadraten zusammensetzt. Es ist ein interessantes Thema, um sich damit auseinanderzusetzen – Symmetrie kann man auf viele Arten einbeziehen. Die daran anschließenden Projekte basieren auf großen durchbrochenen Kreismotiven. Wir werden in diesem Kapitel auch mit Plexiglas®-Acrylmaterialien experimentieren. Ich bezeichne diese Entwürfe als Wandtattoos. Verwendet man transparentes Acryl, kann man das Design in die Wandfarbe der Wohnung integrieren. Der einzigartige mehrlagige Wandschmuck hat aufgrund der Holzlagen eine wieder andere Anmutung. Beendet wird das Kapitel mit zwei Projekten, bei denen es um filigrane Feinschnittsäge-Arbeit in schlichten Rahmen geht. Ob Sie nun ein Stück suchen, das als gestalterischer Mittelpunkt fungieren soll, oder ein schönes Accessoire zur Verschönerung einer Raumecke: In diesem Kapitel werden Sie fündig.

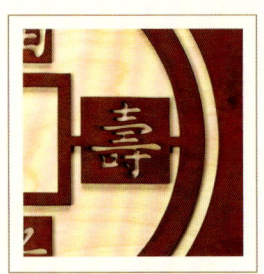

Vierteiliges Quadrat

WERKZEUG UND MATERIAL

- Tischkreissäge
- Ständerbohrmaschine
- Handbohrmaschine
- Bohrer, 2 mm Durchmesser
- Sägeblätter Nr. 5 (mit Gegenzähnen)
- Schraubzwingen
- Sprühkleber
- Holzleim
- Leimroller
- Flachfräsbohrer, 10 mm Durchmesser
- Oberflächenmittel zum Aufsprühen
- Beize
- Furnierband
- Heißklebepistole
- Klebepatronen
- ransparentes Paketklebeband
- Abbrechmesser
- Hammer
- Schleifpapier (Korn 150 – 220)

Dieses Projekt – es ähnelt darin dem Teelichthalter (Seite 64) – besteht aus vier individuellen Quadraten mit 203 mm Kantenlänge, die zusammenstellt zu einem dynamischen Kunstwerk werden. Das stark stilisierte Koi-Motiv erinnert an die Form des Yin-und-Yang-Symbols, auf das man in der chinesischen Kultur häufig stößt. Der Koi ist ein Glückssymbol, man bringt ihn auch mit Ausdauer und Mut in Verbindung. Yin und Yang stehen für Widersprüchlichkeit wie die positiven und negativen Kräfte, die man in allem findet.

Der Schlüssel zu diesem Projekt sind die perfekt rechtwinkligen Schnitte. Jedes Quadrat wird aus zwei Teilen laminiert, die wir mit der Vorrichtung zum Ausrichten im rechten Winkel akkurat miteinander ausrichten werden. Bis hin zur verwendeten Wandaufhängung birgt das Projekt kaum Schwierigkeiten. Sie benötigen lediglich einen 10-mm-Flachfräs- oder Forstnerbohrer. Auf jeden Fall wird dieses fantastische Projekt einen bleibenden Eindruck hinterlassen!

Schnittliste

Teil Nr.	Anzahl	Bezeichnung	Maße	Material
1	4	Oberteile	6 mm x 203 mm x 203 mm	Birken-Sperrholz
2	4	Unterteile	13 mm x 203 mm x 203 mm	Birken-Sperrholz

Kapitel 4: Wanddekoration

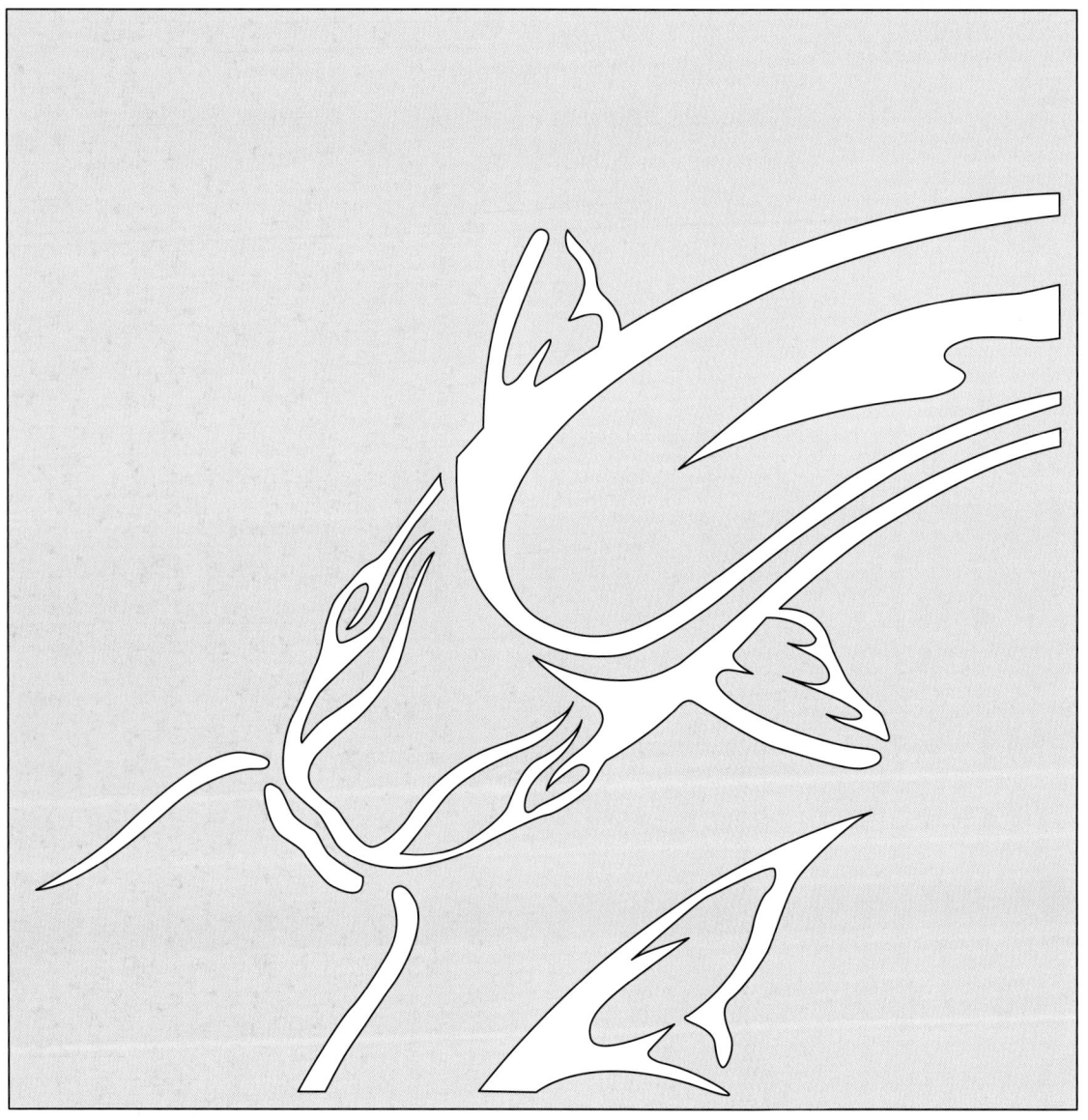

Vorlage für das Vierteilige Quadrat: Koi-Kopf
Vorlage auf 135 % vergrößern

Vierteiliges Quadrat

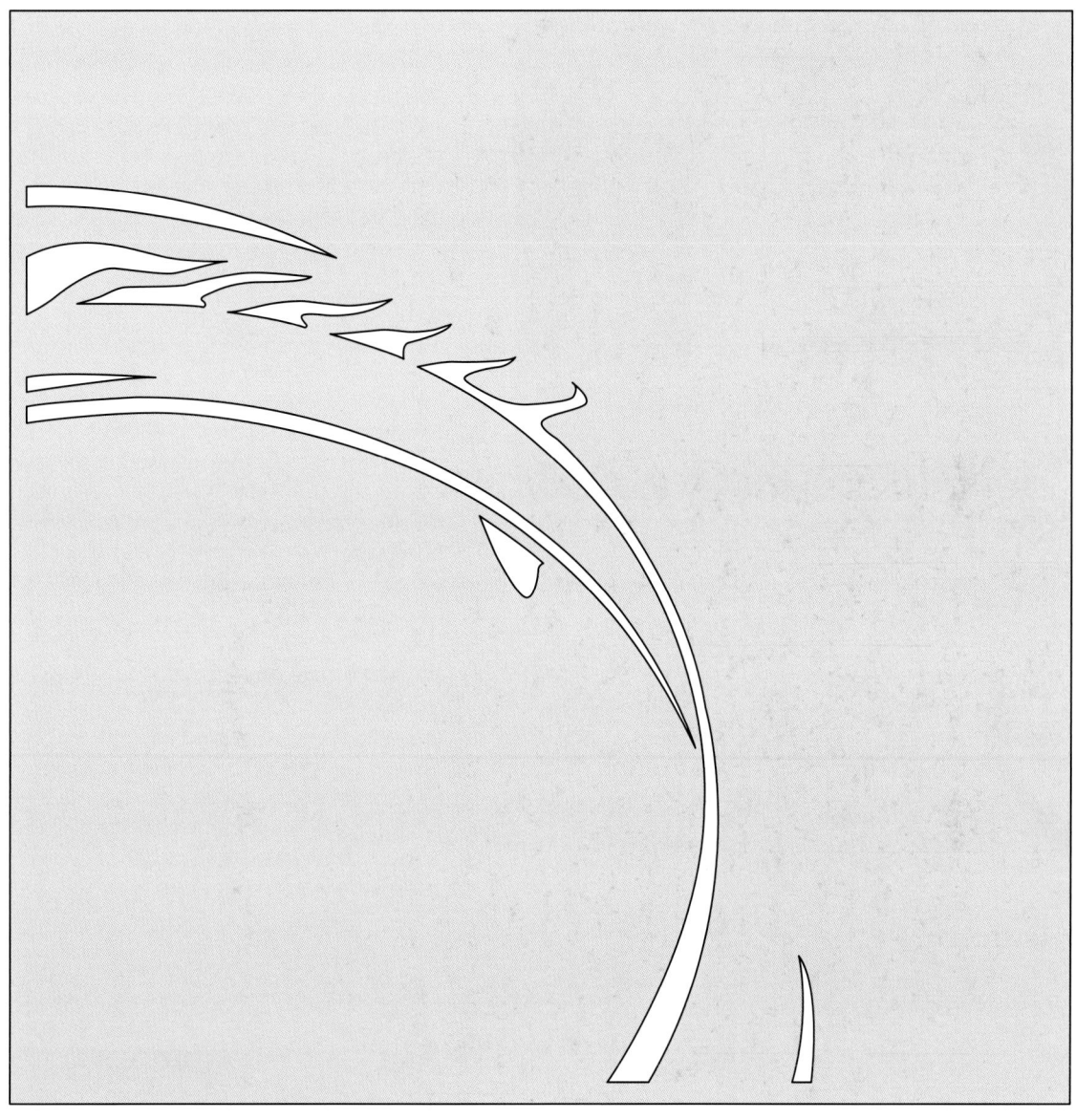

Vorlage für das Vierteilige Quadrat: Koi-Schwanz
Vorlage auf 135 % vergrößern

Kapitel 4: Wanddekoration

Vierteiliges Quadrat mit Koi-Motiv Schritt-für-Schritt-Anleitung

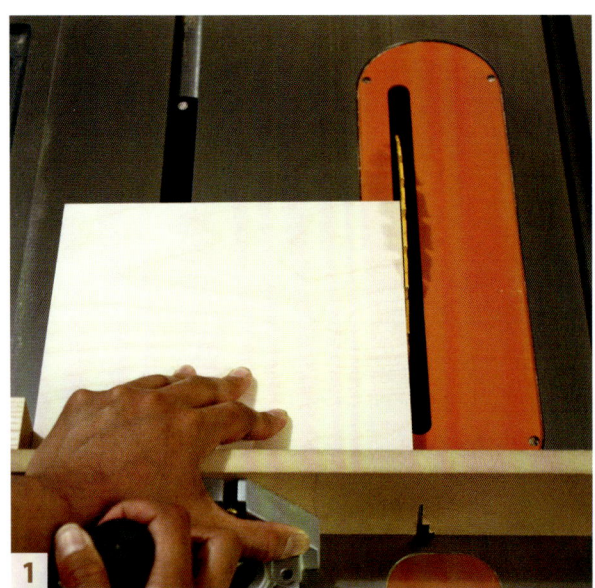

1. Alle Teile auf der Tischkreissäge zusägen.
Zunächst unter Einsatz des Tischkreissägenanschlags an allen Teilen längs zur Faser eine saubere Kante sägen. Dann die Teile ebenfalls unter Verwendung des Anschlags auf die endgültige Breite sägen. So entstehen zwei parallele Kanten. Es ist wichtig, eine Kante des Sperrholzbrettes quer zur Faser unter Einsatz des Gehrungsanschlags rechtwinklig abzulängen. Zum Schluss ebenfalls mit dem Gehrungsanschlag – diesmal mit Anschlagklotz – jedes Teil auf seine endgültige Länge sägen. Orientieren Sie sich jeweils an der Parallelkante des Gehrungsanschlags.

2. Die Teile auslegen.
Da es sehr auf genaues Arbeiten ankommt, sollten Sie die Papiervorlage (eine Kopf- und eine Schwanzvorlage) mit einem Abbrechmesser direkt entlang der Umrisskontur ausschneiden. Die 6 mm starken Oberteile im gewünschten Faserverlauf auslegen und jedes Teil bezeichnen. Die Ecken der Vorlagen auf den quadratischen Oberteilrohlingen ausrichten und mit Sprühkleber fixieren.

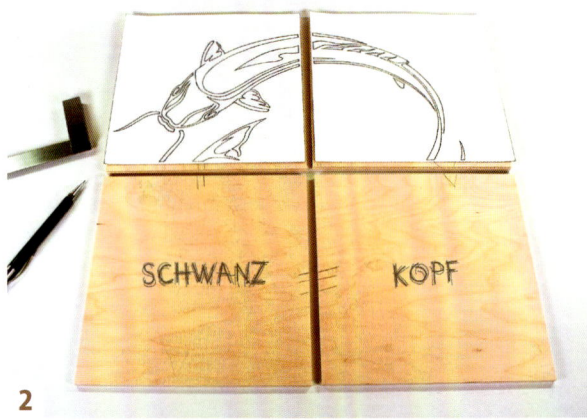

3. Gleiche Teile stapeln.
Um die Faserrichtung beizubehalten, drehen Sie die beiden unteren Teile (die Teile ohne Vorlage) um 180°. Zueinander gehörige Teile stapeln und mit Kreppband an den Kanten zusammenkleben. Ich benutze die Vorrichtung zum Ausrichten im rechten Winkel, um jeden Stapel akkurat auszurichten (siehe Fotorahmenprojekt, Seite 58), ehe ich die Kanten verklebe.

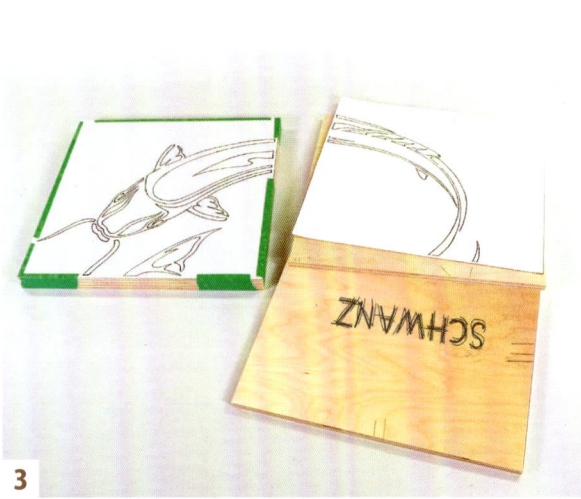

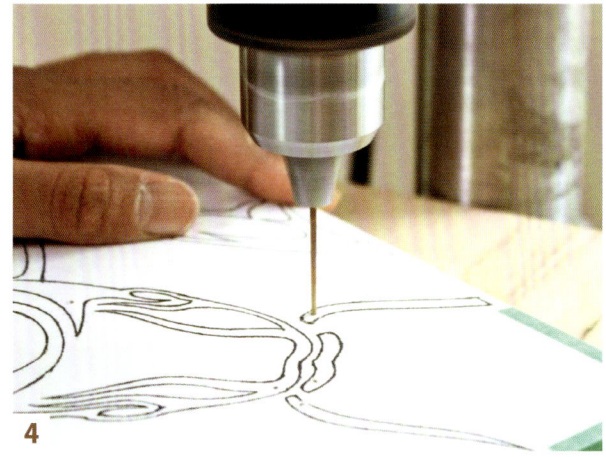

Vierteiliges Quadrat

4. Die Einfädellöcher für die Sägeblätter bohren.
Mit einem 2-mm-Bohrer auf der Ständerbohrmaschine die Löcher zum Einfädeln der Sägeblätter bohren. Auf jeden Fall die Grate auf der Stapelunterseite wegschleifen, die beim Aussägen der Vorlage auf der Feinschnittsäge Probleme bereiten können.

5. Die Vorlage aussägen.
Die Vorlage mit einem Sägeblatt Nr. 5 mit Gegenzähnen aussägen. Die hauchdünnen Sägeschnittlinien (Äderung) besonders vorsichtig aussägen.

6. Die Oberseite der Unterteile beizen.
Das Klebeband entfernen und die Stapel wieder trennen. Alle Teile mit verschiedenen Schleifpapierkörnungen von 150 bis 220 schleifen. Auch Grate und Staub von Rück- und Vorderseite der Oberteile entfernen. Danach nur die Oberseite der Unterteile in der gewünschten Farbe beizen. Ich habe mich für eine satte Rosenholzfarbe entschieden.

7. Die Vorrichtung vorbereiten.
Zum perfekten Ausrichten der oberen und unteren Quadrate die unschätzbare Vorrichtung zum Ausrichten im rechten Winkel (siehe Seite 189) verwenden. Das erste gebeizte Unterteil in die Vorrichtung legen.

8. Die Oberteile auf die gebeizten Unterteile leimen.
Sorgfältig und gleichmäßig Leim auf die Unterseite der Oberteile rollen. Dann das Oberteil mit der Oberseite nach oben akkurat auf das schon in der Vorrichtung befindliche Unterteil positionieren.

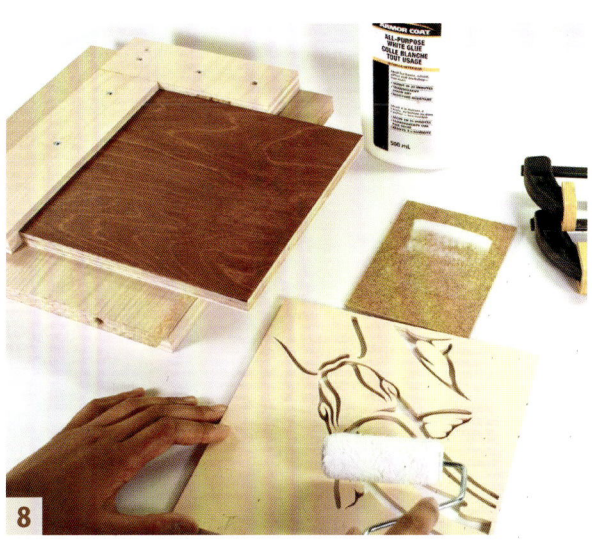

Kapitel 4: Wanddekoration

9. Die Teile festspannen.
Die Teile mit Leimklötzen aus Abfallholz festspannen. Die Vorrichtung mit einer geeigneten Unterlage etwas anheben, damit die Spannzwingen genügend Platz haben.

10. Sichtbare Sperrholzkanten furnieren.
Ist der Leim trocken, alle Kanten der vormontierten Quadrate bündig schleifen. Das Furnierband mit einem auf Baumwolle eingestellten Bügeleisen (ohne Dampf!) auf alle sichtbaren Sperrholzkanten aufbügeln. Mit einer Furnierrollwalze oder einem Stück Restholz so andrücken, dass es vollständig festklebt. Überstehendes Furnier mit einem scharfen Abbrechmesser sorgfältig wegschneiden. Dann die Furnierkanten mit einer Feile bündig feilen. Leicht schleifen.

11. Ein Loch zum Aufhängen bohren.
Die Rückseite jedes vormontierten Quadrats entsprechend seiner Position an der Wand nummerieren. Mit einem Pfeil „oben" kennzeichnen. Dann die Lochposition 32 mm unterhalb der Oberkante und mittig anreißen. Die Bohrtiefe auf halbe Werkstücktiefe einstellen. Das Loch mit einem 10-mm- Forstner- oder Flachfräsbohrerbohrer bohren. Achten Sie besonders darauf, nicht bis zur Vorderseite durch zu bohren.

12. Die Quadrate endbehandeln.
Alle Quadrate auf dem Trockengestell (mit Zahnstochern versehenes Korkbrett) ablegen und ein Oberflächenmittel nach Wahl in mehreren Schichten auftragen. Jeweils trocknen lassen und je einen leichten Zwischenschliff durchführen.

> **Das Kunstwerk aufhängen**
>
> Zum Aufhängen des Vierteiligen Quadrats ist eine Wasserwaage von Nutzen. Die Teile mit ca. 6 mm Abstand zueinander aufhängen.

Vierteiliges Quadrat: Kreise

Kapitel 4: Wanddekoration

Die Vorlagenvariante für das Vierteilige Quadrat steckt voller Kreise. Die sich wiederholenden Kreismotive verleihen ihm eine Art Retro-Stil. Im Grunde handelt es sich um nur eine quadratische Vorlage, die auf vier Arten gedreht wird. Die Anordnung können Sie dem Layout-Diagramm (unten) entnehmen. Die Arbeitsschritte sind die gleichen wie beim Koi-Motiv. Der einzige Unterschied besteht darin, dass Sie auf beiden Stapeln die gleiche Vorlage verwenden. Für die Oberteile habe ich eine dunkle, walnussfarbige Beize verwendet. Die Unterteile habe ich zur Verstärkung des Vintage-Effekts naturfarben belassen.

Layout-Diagramm

Vierteiliges Quadrat: Kreise

Vorlage für das Vierteilige Quadrat: Kreise
2x auf 135 % vergrößern

Kreisrunde Kunst, eckig präsentiert

WERKZEUG UND MATERIAL

- Tischkreissäge
- Ständerbohrmaschine
- Bohrer, 2 mm Durchmesser
- Forstnerbohrer, 10 mm und 16 mm Durchmesser
- Exzenterschleifer
- Schleiftrommelvorsatz für die Ständerbohrmaschine oder Tellerschleifmaschine
- Sägeblätter Nr. 5 (mit Gegenzähnen)
- Holzleim
- Schleifpapier, verschiedene Körnungen
- Leimroller
- Schraubzwingen
- Versatzlehre/Unterlegscheibe, 13 mm Radius
- Bleistift
- Maßband
- Lineal
- Pigment- oder Farbstoffbeize nach Wahl
- Oberflächenmittel nach Wahl
- Schaumstoffpinsel
- Bügeleisen
- Furnierband, Birke, 19 mm breit
- Furnierrollwalze oder Restholzstück
- Abbrechmesser
- Feile
- Bajonettaufhänger
- Beitel, 13 mm und 25 mm breit

Die Kreisform symbolisiert Unendlichkeit, ohne Anfang und Ende. Auch gibt sie uns ein Gefühl von Ganzheit und Einigkeit. Mein Entwurf basiert auf einer alten chinesischen Münze. Ihre Kreisform steht für den Himmel und die quadratische Öffnung in der Mitte für die Erde. Man glaubte, dass dieses Zusammenspiel Reichtum und einen Überfluss an Wohlstand bewirkt. Ich habe die Münzform mit vier chinesischen Buchstaben gepaart, die für jeden Haushalt einen machtvollen Segenswunsch beinhalten. Man liest die Münze in folgender Reihenfolge: Der oberste Buchstabe bedeutet „Glück", der untere „Reichtum", der rechte „langes Leben" und der linke „doppelte Glückseligkeit". Gerahmt habe ich die Münze mit einer kreisförmigen Aussparung, die die Formen noch stärker betont. Das Projekt ist absolut dynamisch und verdient einen Ehrenplatz in Ihrem Zuhause – ich hoffe, es bringt Ihnen Glück!

Schnittliste

Teil Nr.	Anzahl	Bezeichnung	Maße	Material
1	1	Münzrohling	6 mm x 362 mm x 362 mm	Birke
2	1	Rahmentafel	6 mm x 483 mm x 483 mm	Birke
3	1	Hintergrundtafel	13 mm x 483 mm x 483 mm	Birke

Kapitel 4: Wanddekoration

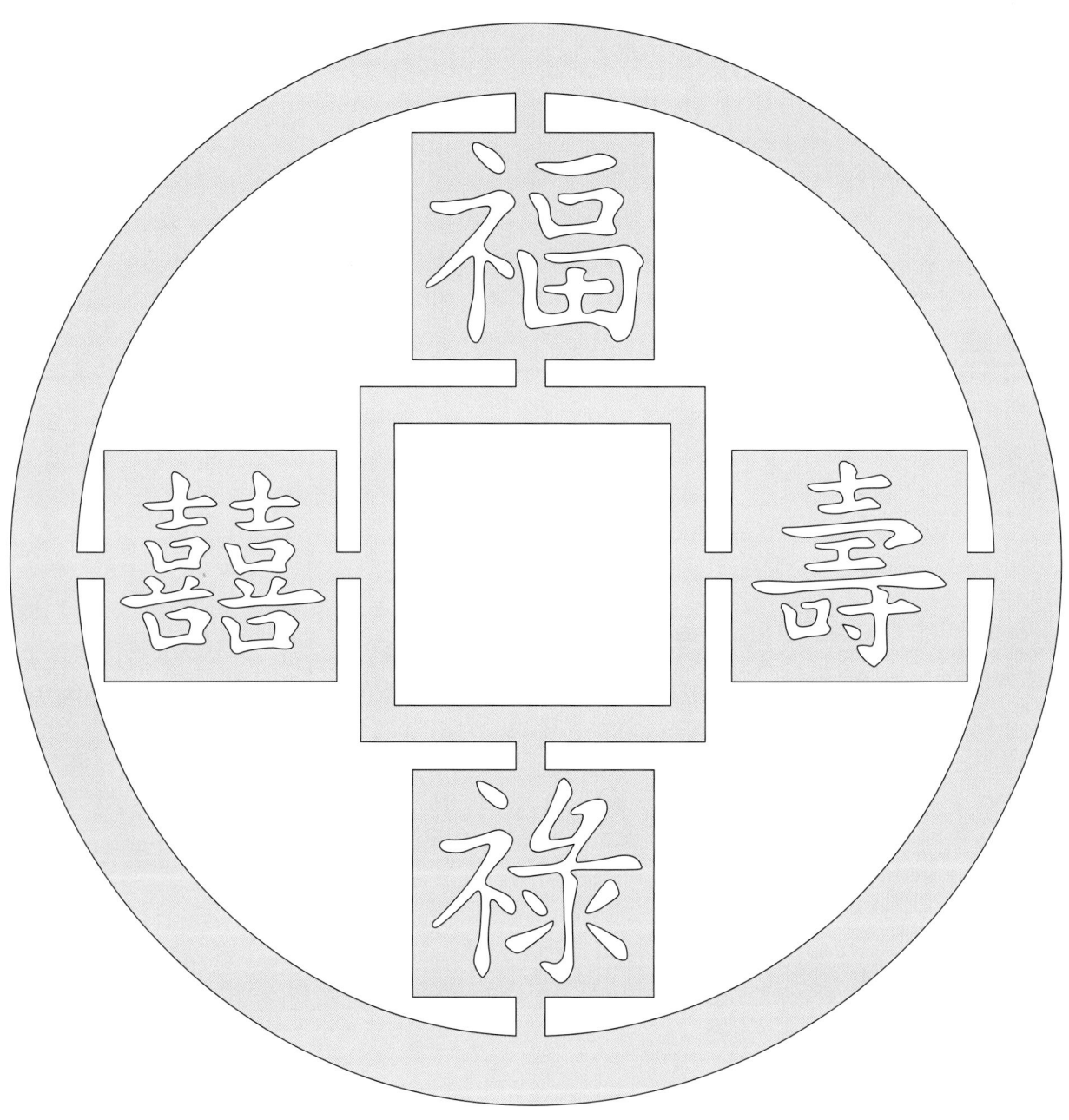

Vorlage für Kreisrunde Kunst, eckig präsentiert:
Chinesische Münze
Vorlage auf 200 % vergrößern

Kreisrunde Kunst, eckig präsentiert: Chinesische Münze
Schritt-für-Schritt-Anleitung

1. Das Material vorbereiten.
Alle Teile auf der Tischkreissäge zuschneiden. Die Teile nummerieren (siehe Schnittliste). Für dieses Projekt habe ich aufgrund der Größe der Teile aus Stabilitätsgründen Birkensperrholz ausgewählt.

2. Die Einfädellöcher für die Sägeblätter bohren.
Die Papiervorlage mit Sprühkleber fixieren und auf der Ständerbohrmaschine mit einem 2-mm-Bohrer die Löcher zum Einfädeln der Sägeblätter bohren. Achten Sie darauf, auf den Tisch der Ständerbohrmaschine ein Stück Abfallholz als Unterlage zu legen.

3. Die Vorlage aussägen.
Mit Schleifpapier alle Grate von der Münzrückseite wegschleifen. Dann die Vorlage mit einem Sägeblatt Nr. 5 mit Gegenzähnen aussägen. Mit den Buchstaben beginnen und die geometrischen Formen von der Mitte nach außen aussägen.

4. Die Außenkontur sägen.
Sind alle Innenschnitte ausgeführt, sägt man die runde Außenkontur des Münzmotivs. Dabei so nahe wie möglich an der Linie entlangsägen. Falls Sie sich noch nicht ganz sicher fühlen, sägen Sie die Kontur etwas grober aus und belassen rundherum ca. 1 mm bis 2 mm Aufmaß.

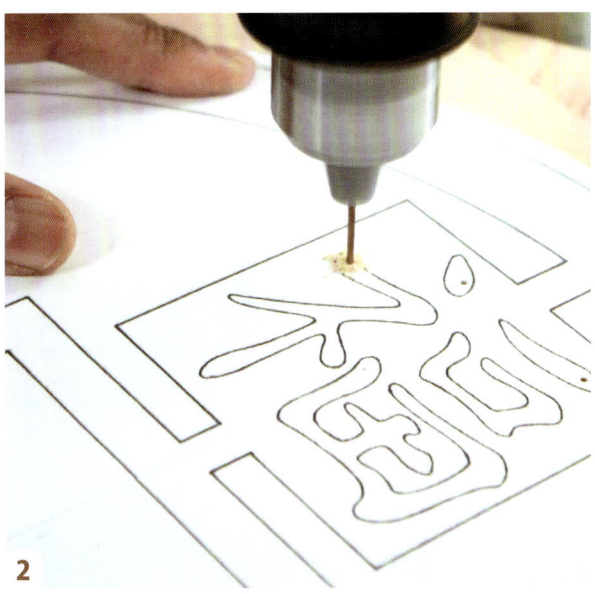

Kapitel 4: Wanddekoration

5. Die Außenkontur schleifen.
Das Münzmotiv auf seine endgültige Form schleifen. Zum Entfernen aller Unebenheiten entweder einen Exzenterschleifer oder einen an die Ständerbohrmaschine angeschlossenen Schleiftrommelaufsatz verwenden. Die Umdrehungsgeschwindigkeit der Ständerbohrmaschine auf 750 UpM für Nadelholz oder 1500 UpM für Laubholz einstellen. Bauen Sie sich einen Hilfstisch mit einem mittigen Loch, das etwas größer als die Schleiftrommel ist. Dann die Schleiftrommel in dieses Loch senken und den Hilfstisch am Ständerbohrmaschinentisch festklemmen oder -schrauben. Nehmen Sie sich vor der rotierenden Schleiftrommel in Acht. Nun das Werkstück gegen die Schleiftrommel führen.

6. Den Versatz anreißen.
Legen Sie die Position der Aussparung in der Rahmentafel (das umlaufende, farblich kontrastierende Band um das Hauptmotiv) fest, indem Sie das Münzmotiv mittig auf die Rahmentafel legen. Sind Sie mit der Anordnung zufrieden, reißen Sie den 13 mm breiten Versatz mit einer Unterlegscheibe oder einer speziellen Versatzlehre mit 13 mm Radius an. Die Oberseite der Rahmentafel kennzeichnen.

7. Die Aussparung aussägen.
Nahe der Außenkontur ein Führungsloch bohren. Mit einem Sägeblatt Nr. 5 mit Gegenzähnen die Aussparung aussägen. Legen Sie den Kreisausschnitt zur Seite, er kann später als Hilfsmittel beim Leimen dienen. Sofern Sie keine Tellerschleifmaschine haben, müssen Sie die neue Rahmentafel von Hand schleifen.

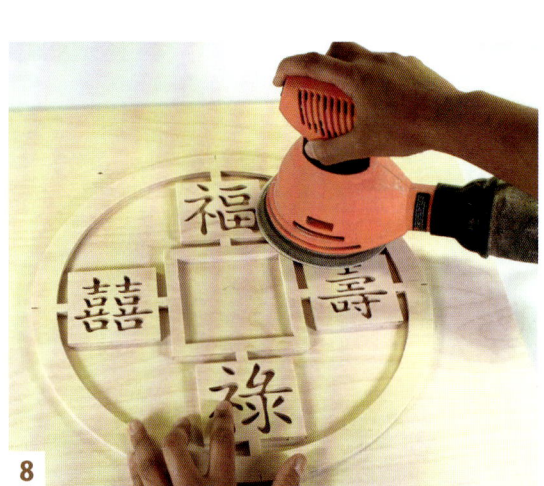

8. Alle Teile schleifen.
Mit einem Exzenterschleifer alle Teile zügig glatt schleifen. Seien Sie beim Schleifen des Münzmotivs besonders vorsichtig. Scharfe Kanten am Münzmotiv und an der Rahmentafel mit Schleifpapier Korn 220 brechen.

Kreisrunde Kunst, eckig präsentiert

9. Münzmotiv und Rahmentafel beizen.
Münzmotiv und Rahmentafel mit der gewünschten Beize beizen. Die Hintergrundtafel nicht beizen, da sie kontrastieren soll.

10. Leimen.
Die Rahmentafel auf der Hintergrundtafel ausrichten. Beide Teile miteinander verleimen und mit Schraubzwingen festklemmen. Zum Festklemmen in den Ecken und an den Seiten zur gleichmäßigen Druckverteilung Leimklötze verwenden.

11. Sichtbare Sperrholzkanten furnieren.
Die Kanten zum Entfernen von Unebenheiten leicht anschleifen und auf alle sichtbaren Sperrholzkanten Furnier aufbügeln. Beginnen Sie mit der oberen und der unteren Rahmenkante. Mit der Furnierrollwalze andrücken. Überstehendes Furnier zunächst an den Enden, dann an den Kanten wegschneiden. Dann die Rahmenseiten furnieren und überstehendes Furnier ebenfalls wegschneiden. Auf die furnierten Kanten Beize auftragen.

12. Den Bajonettaufhänger anbringen.
Mit Forstnerbohrern passende Löcher zur Aufnahme des Bajonettaufhängers bohren (siehe Seite 125).

13. Das Münzmotiv einkleben.
Das Münzmotiv in der Rahmenmitte ausrichten und einkleben. Den Kreisausschnitt können Sie als Leimklotz verwenden. Platzieren Sie ihn über dem Münzmotiv und beschweren ihn mit etwas Schwerem, z. B. einem Paket Katzenstreu, dicken Telefonbüchern, einer Tasche mit Steinen, einer Kiste mit Magazinen oder Büchern o. Ä. Den Leim trocknen lassen und ein Oberflächenmittel nach Wunsch auftragen. Dieses ebenfalls trocknen lassen und vor dem Auftragen der nächsten Schicht leicht anschleifen. Den Vorgang so lange wiederholen, bis die gewünschte Anzahl Schichten erreicht ist.

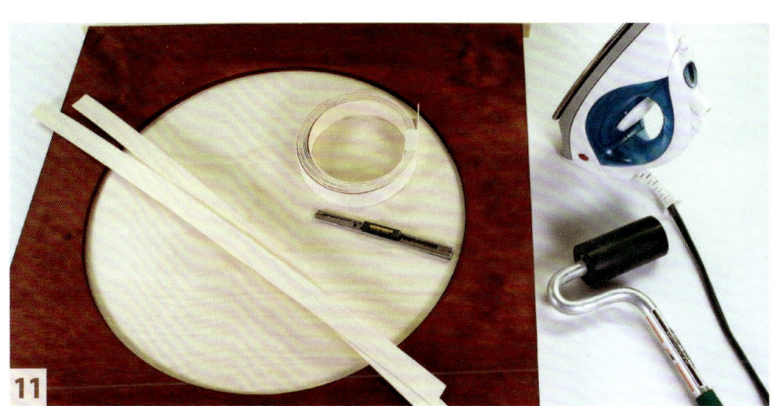

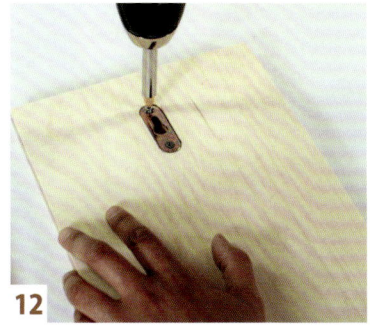

Kapitel 4: Wanddekoration

Kreisrunde Kunst, eckig präsentiert: Lebensbaum

Die Vorlagenvariante ist ein dynamisches Objekt mit enormer Präsenz. Ganz sicher ist es für jeden Raum ein echter Blickfang. Der Lebensbaum steht als Symbol für Wachstum und Stärke. Er verbindet Himmel (mit seinen zum Himmel ragenden Blättern und Ästen) und Erde (mit seinen tief reichenden Wurzeln). Diese Symbolik findet sich universell in allen Kulturen. Der einzige Unterschied zwischen dieser Vorlage und jener der Schritt-für-Schritt-Anleitung besteht in den Maßen und der Verwendung einer satten, walnussfarbenen Farbstoffbeize für die Oberteile, die mit dem naturfarbenen Hintergrundteil kontrastieren.

Vorlage für Kreisrunde Kunst, eckig präsentiert:
Lebensbaummotiv
Vorlage auf 200 % vergrößern

Wandtattoo

WERKZEUG UND MATERIAL

- Ständerbohrmaschine
- Bohrer, 2 mm Durchmesser
- Handbohrmaschine
- Sägeblätter Nr. 5 (mit Gegenzähnen) oder nach Wahl
- Acrylbögen
- Abbrechmesser
- Lineal
- Klebestift
- Monofile Angelschnur
- Sprühkleber
- Transparentes Paketklebeband
- Kreppband

Wie der Titel des Projekts nahelegt, ist dieses Teil wirklich dynamisch und in vielfacher Hinsicht einzigartig. Ich wollte ein grafisches Element bei mir zu Hause an einer Wand haben und dabei die Wandfarbe als Kontrast erhalten. Nach einigem Nachdenken kam ich auf die Idee, farbige Acrylbögen zu verwenden, ein Material, mit dem man auch detailgenau arbeiten kann. Acryl ist für die Arbeit mit der Feinschnittsäge ein eher ungewöhnliches Material, doch macht es das folgende Projekt auch zu etwas Besonderem. Wenn Sie also einmal etwas außerhalb der ausgetretenen Pfade versuchen möchten und sich ein spektakuläres Ergebnis wünschen, dann ist dies das richtige Projekt für Sie.

Für das Blattmotiv habe ich ein schönes opakes Rot gewählt. Rot symbolisiert je nach kulturellem Hintergrund Verschiedenes: In der chinesischen Kultur ist es die Farbe des Glücks und der Zufriedenheit. Schnell fand ich heraus, dass ich das Blattmotiv verstärken musste. Es war zu zerbrechlich, als dass es alleine an der Wand hängen konnte. Als Lösung kam ich dann darauf, das Teil mit einem speziellen Plastikkleber auf einen transparenten Acryluntergrund zu kleben. Dadurch bekommt es nicht nur Stabilität und behält den Kontrast zur Wandfarbe bei, sondern es wirkt auch noch besser. Zum Schluss habe ich zwei Löcher in das Acryl gebohrt und zum Aufhängen Angelschnur hindurchgefädelt.

Schnittliste

Teil Nr.	Anzahl	Bezeichnung	Maße	Material
1	1	Motiv, Buddha	3 mm x 279 mm x 381 mm Blatt: 3 mm x 356 mm x 432 mm	farbiges Acryl
2	1	Hintergrund, Buddha	3 mm x 403 mm x 502 mm Blatt: 3 mm x 451 mm x 508 mm	transparentes Acryl

Kapitel 4: Wanddekoration

Vorlage für das Wandtattoo: Blattmotiv
Vorlage auf 200 % vergrößern

Schritt-für-Schritt-Anleitung Wandtattoo mit Blattmotiv

1. Die vergrößerte Vorlage auslegen.
Die Vorlage entweder vom Profi vergrößern lassen oder mit der Postereinstellung auf dem eigenen Drucker selbst vergrößern. Sollten Sie Ihren Scanner benutzen, erhalten Sie einen Ausdruck auf vier Kopierpapierseiten. Die Seiten sinngemäß auslegen und nummerieren.

2. Kanten abschneiden.
Dieser und der folgende Schritt gelten für den Fall, dass Ihre Vergrößerung der Vorlage zu vier Papierseiten geführt hat, die verbunden werden müssen. Schraffieren Sie die abzuschneidenden Kanten. Mit Abbrechmesser und Lineal die senkrechte Innenkante der Seiten 2 und 4 wegschneiden.

3. Die Seiten zusammenkleben.
Mit dem Klebestift Seite 2 auf Seite 1 und Seite 4 auf Seite 3 kleben. Zum Schluss die Unterkante des oberen Vorlagenteils (1 und 2) abschneiden und den Vorlagenteil auf den unteren Teil kleben.

4. Das Material zusammenstellen.
Für dieses Projekt benötigen wir einen Bogen 3 mm starkes transparentes Acryl als Hintergrund und einen Bogen 3 mm starkes opakes, rotes Acryl für das Motiv. Lassen Sie den Schutzfilm so lange auf dem Acryl, bis Sie aufgefordert werden, ihn zu entfernen. Ferner benötigen Sie etwas monofile Angelschnur, um das Stück an die Wand zu hängen.

5. Die Vorlage fixieren.
Die zusammengeklebte Vorlage mit Sprühkleber auf dem Acrylbogen fixieren. Belassen Sie den Schutzfilm weiterhin auf dem Bogen. Auf die Vorlage einige Streifen transparentes Paketklebeband kleben. Dadurch wird Reibung reduziert und der Schnitt weniger rau.

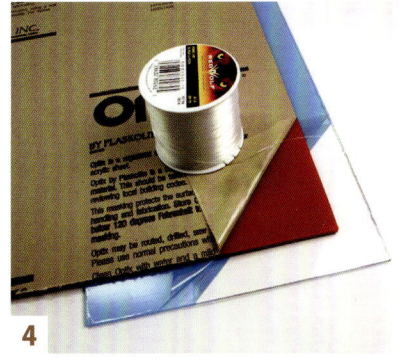

6. Die Einfädellöcher für die Sägeblätter bohren.
Die Löcher mit der Ständerbohrmaschine und einem 2 mm starken oder noch stärkeren Bohrer bohren. Damit ein sauberes Bohrloch ohne überstehenden Rand auf der Rückseite des Acryls entsteht, die Bohrgeschwindigkeit der Ständerbohrmaschine reduzieren und einen scharfen Bohrer verwenden. Falls die Bohrtischtiefe Ihrer Ständerbohrmaschine nicht ausreicht (Sie kommen an die Mitte des Acrylbogens nicht heran), bohren Sie die letzten Löcher mit der Handbohrmaschine.

7. Die Vorlage aussägen.
Die Vorlage mit der Feinschnittsäge und einem Sägeblatt Nr. 5 mit Gegenzähnen aussägen. Arbeiten Sie von der Mitte aus nach außen. Stets die größeren Flächen zum Schluss aussägen.

8. Die Außenkontur aussägen.
Sind alle Innenschnitte gemacht, ein neues Sägeblatt Nr. 5 in die Feinschnittsäge einspannen und die Außenkontur der Vorlage in Angriff nehmen. Damit um das Motiv herum überall gleich viel Material verbleibt, müssen Sie immer entweder auf der Innen- oder auf der Außenseite der Außenkontur sägen.

> **Acryl auf der Feinschnittsäge sägen**
>
> Damit Acryl beim Feinschnittsägen nicht schmilzt, sägt man mit geringerer Geschwindigkeit und gleichmäßigem Vorschub weder zu schnell noch zu langsam. Aus Sicherheitsgründen sollten Sie die Staubblasvorrichtung der Feinschnittsäge verwenden und eine Staubschutzmaske tragen!

9. Das Motiv auf dem transparenten Hintergrund ausrichten.
Den Schutzfilm von der Oberseite des transparenten Acrylbogens abziehen. Ebenso den Schutzfilm von der Rückseite des Motivs abziehen. Das Motiv mittig auf dem transparenten Hintergrund anordnen. Die Position mit Kreppband kennzeichnen. Sorgen Sie dafür, dass beide Flächen frei von Staub und Materialresten sind, ehe Sie sie verkleben.

10. Das Motiv auf den transparenten Hintergrund kleben.
Sind Sie mit der Ausrichtung des Motivs zufrieden, tragen Sie zum Kleben von Acryl geeigneten Klebstoff tröpfchenweise auf der Motivrückseite auf. Den Klebstoff sparsam auftragen, damit er nicht herausquellen kann. Das Motiv fest andrücken. Das Ganze mit einem Holzbrett bedecken und beschweren und mindestens 24 Stunden trocknen lassen.

11. Aufhängelöcher bohren.
Ist alles getrocknet, Kreppband in die oberen Ecken des Teils kleben. Die Positionen für die Löcher ca. 19 mm unterhalb der Oberkante und 25 mm neben der Seitenkante auf dem transparenten Hintergrund anreißen. Mit einem 2-mm-Bohrer die Löcher bohren. Ein Stück Restholz unterlegen, damit das Acryl auf der Rückseite nicht ausbricht.

12. Die Angelschnur einfädeln.
Den Schutzfilm von der Rückseite des transparenten Hintergrunds abziehen. Angelschnur in der erforderlichen Länge mit ihren Enden durch die Bohrlöcher fädeln. An den Enden jeweils einen Sicherheitsknoten machen. Das Stück ist nun fertig und kann seinen Ehrenplatz an Ihrer Wand einnehmen.

Wandtattoo mit Buddhamotiv

Meine Vorlagenvariante ist ein heiteres Buddhamotiv. Das Wort „Buddha" bedeutet „der Erleuchtete". Man sagt, dass Buddha die wahre Natur aller Dinge erkannte. Das Design unterscheidet sich vom Blattmotiv in Größe und Farbe. Orientieren Sie sich bezüglich der Abmessungen an der Vorlage. Ich habe mich für opakes, schwarzes Acryl entschieden, um das Design noch stärker zu betonen. Der transparente Acrylhintergrund gibt dem Buddhamotiv den Anschein des Schwebens. Dieses Teil wird für Ihr Heim sicher zu einer inspirierenden Bereicherung werden.

Wandtattoo mit Buddhamotiv

Vorlage für das Wandtattoo: Buddhamotiv
Vorlage auf 200 % vergrößern

Mehrlagiger Wandschmuck

WERKZEUG UND MATERIAL

- Tischkreissäge
- Ständerbohrmaschine
- Sägeblätter Nr. 5 (mit Gegenzähnen)
- Bohrer, 2 mm Durchmesser
- Forstnerbohrer, 10 mm und 16 mm Durchmesser
- Holzschrauben, 3 mm Durchmesser, 10 mm lang
- Handbohrmaschine
- Abbrechmesser
- Sprühkleber
- Weißleim
- Pigment- oder Farbstoffbeize nach Wahl
- Oberflächenmittel zum Aufsprühen
- Schraubzwingen
- Kreppband
- Lineal
- Schaumstoffpinsel
- Schleifpapier (unterschiedliche Körnungen)
- Einhand-Exzenterschleifer
- Bajonettaufhänger
- Beitel, 13 mm und 25 mm breit
- Klüpfel

Das folgende Projekt ist im Vergleich zu den bisher bearbeiteten Projekten einzigartig. Ich habe mit Tiefe experimentiert und damit, wie ich sie in leicht verständlicher und einfacher Art und Weise realisieren kann. Das schlussendliche Ergebnis ist ein fantastisches visuelles Vergnügen mit vielen unterschiedlichen Schichten, die unterschiedliche visuelle Ebenen erzeugen. Das Pferdedesign ist eine Vergrößerung eines Motivs aus meiner Serie zum chinesischen Tierkreis, das sich gut auf meine mehrlagige Wanddekoration transferieren ließ. Das Projekt ist sehr einfach und die Anleitung unkompliziert, so lange Sie alle Schichten und Einzelteile wohlgeordnet behalten. Ich habe einfach alle Teile bezeichnet oder nummeriert. Damit das Motiv in den Vordergrund tritt, habe ich als zusätzlichen Kontrast die Hintergrundteile gebeizt. Achten Sie bitte darauf, dass die mittlere Schicht kein Hintergrundteil hat. Dessen Funktion übernimmt die untere Motivschicht.

Schnittliste

Teil Nr.	Anzahl	Bezeichnung	Maße	Material
1	1	Unterteil	3 mm x 184 mm x 372 mm	Birke
2	1	unteres Hintergrundteil	13 mm x 184 mm x 372 mm	Birke
3	1	Mittelteil	3 mm x 92 mm x 327 mm	Birke
4	1	Oberteil	3 mm x 49 mm x 246 mm	Birke
5	1	oberes Hintergrundteil	3 mm x 49 mm x 246 mm	Birke
	1	Abstandshalter	3 mm	

Kapitel 4: Wanddekoration

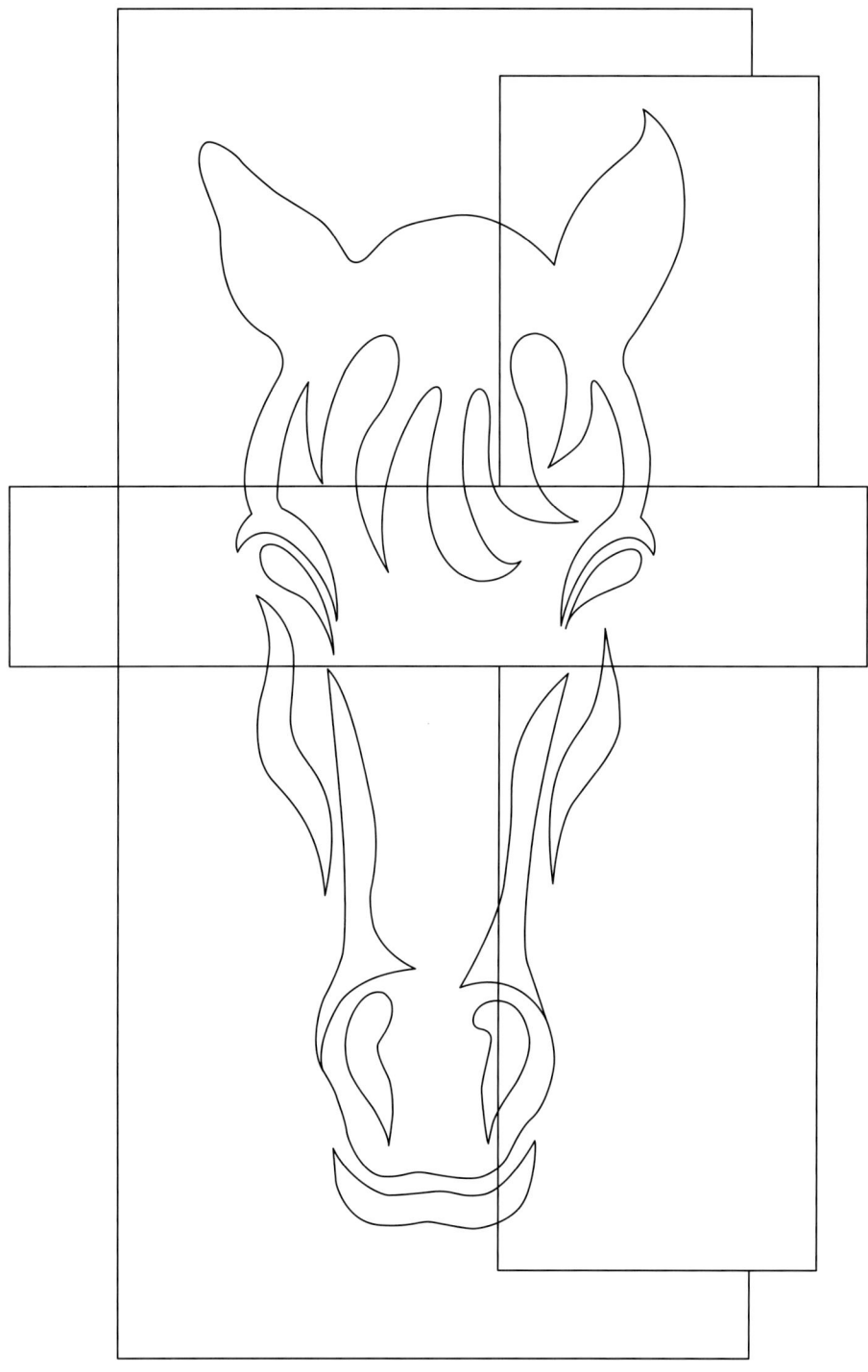

Mehrlagiger Wandschmuck: Pferdemotiv,
Montagezeichnung

Mehrlagiger Wandschmuck

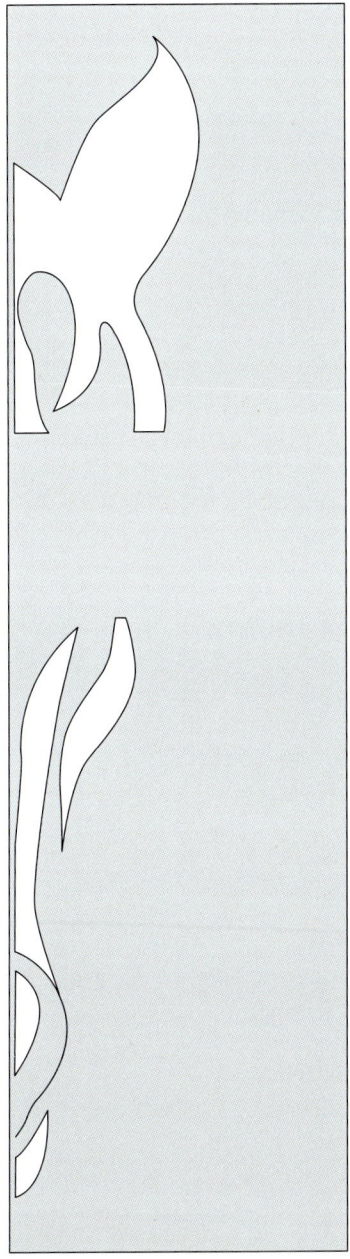

Vorlage für mehrlagigen Wandschmuck:
Pferdemotiv, Oberteil Nr. 3

Vorlage für mehrlagigen Wandschmuck:
Pferdemotiv, Mittelteil Nr. 4

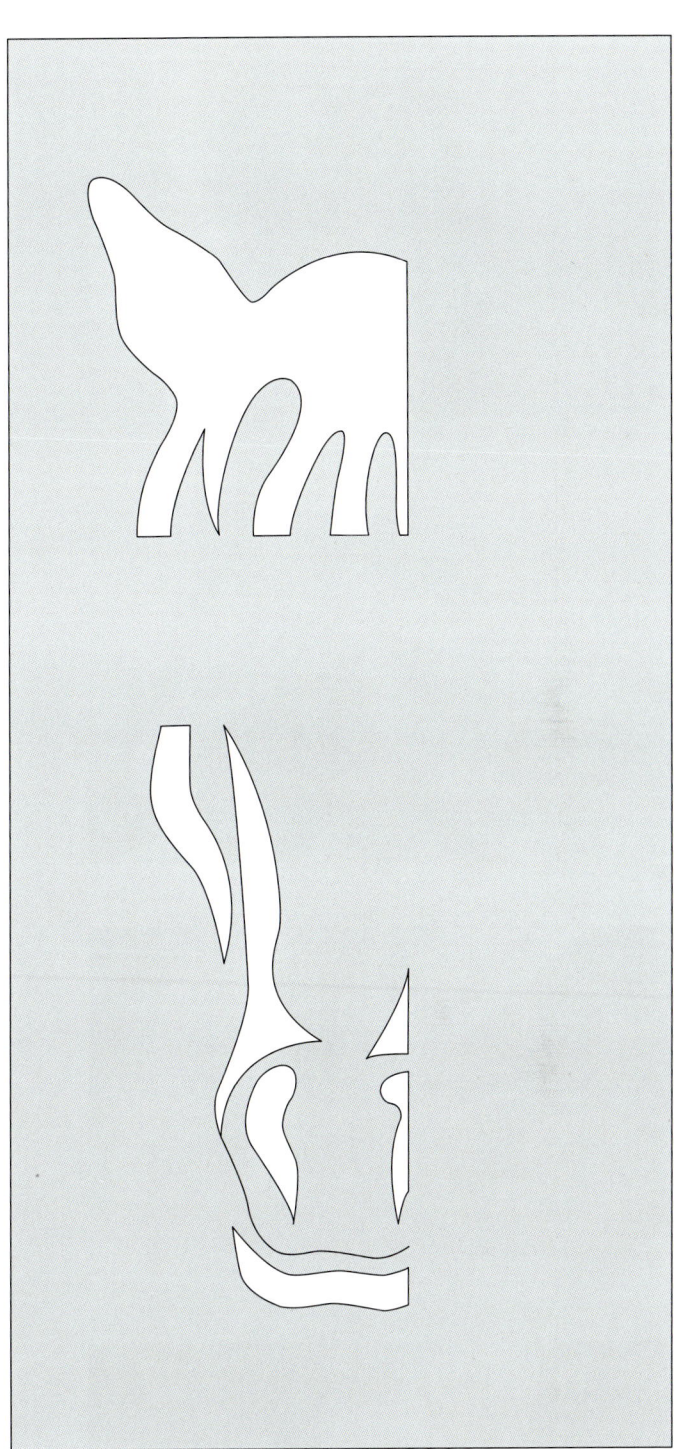

Vorlage für mehrlagigen
Wandschmuck: Pferdemotiv,
Unterteil Nr. 1

**Alle Vorlagen auf 200 %
vergrößern!**

Kapitel 4: Wanddekoration

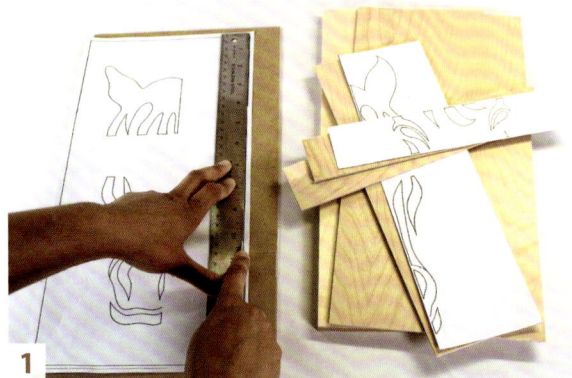

Mehrlagiger Wandschmuck mit Pferdemotiv
Schritt-für-Schritt-Anleitung

1. Vorlagen und Material vorbereiten.
Alle Teile, d. h. sowohl die Holzteile als auch die Vorlagen zuschneiden und nummerieren. Es ist ganz entscheidend, hier Ordnung zu bewahren. Mit einem scharfen Abbrechmesser alle Vorlagen entlang der Umrisslinie zuschneiden, damit sie rechtwinklig auf die Teile passen.

2. Die Vorlagen auf den zugehörigen Teilen fixieren.
Die Vorlagen mit Sprühkleber auf den zugehörigen Teilen fixieren. Stützteile aus Abfallholz mit Malerkrepp an jedem Teil befestigen. In jedes Teil mit der Ständerbohrmaschine die Einfädellöcher für die Sägeblätter bohren.

3. Das Unterteil aussägen (Teil Nr. 1)
Beginnen Sie nun, die Vorlagen mit der Feinschnittsäge auszusägen. Den Anfang macht das Unterteil. Ein Sägeblatt Nr. 5 mit Gegenzähnen bringt hierbei die besten Schnittergebnisse. Mit den am stärksten gekrümmten Linien (der Pferdemähne) beginnen.

4. Das Mittelteil aussägen (Teil Nr. 3)
Dann das Mittelteil aussägen. Achten Sie besonders auf die feinen Äderungen im Bereich des Pferdemauls. Sägen Sie nicht über die Kante hinaus. Stoppen Sie 3 mm vor der Kante, bewegen Sie das Werkstück vorsichtig zurück und sägen den Ausschnitt zu Ende.

5. Das Oberteil aussägen (Teil Nr. 4)
Zum Schluss die Vorlage für das Oberteil aussägen.

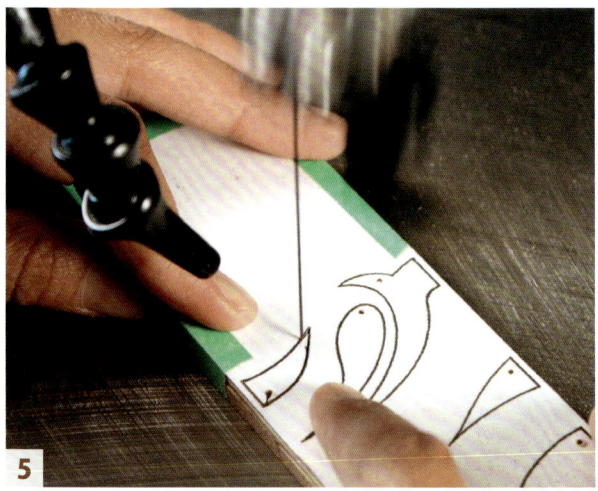

Mehrlagiger Wandschmuck

6. Das Unterteil abkleben.
Sind alle Teile ausgesägt und glatt geschliffen, legen Sie alle Schichten, einschließlich der Hintergrundteile aus. Kennzeichnen Sie den Bereich auf dem Unterteil, der vom Mittelteil überdeckt wird. Kleben Sie den Bereich außerhalb des überdeckten Bereichs mit Malerkrepp ab. Das Kreppband fest andrücken, damit es vollkommen anhaftet.

7. Die Hintergrundteile beizen.
Den vom Mittelteil überdeckten Bereich sorgfältig beizen. Die Pigment- oder Farbstoffbeize von den Kreppbandkanten in Richtung Mitte vertreiben. So werden Farbunterläufer verhindert. Ebenfalls das untere (Nr. 2) und das obere Hintergrundteil (Nr. 5) beizen.

8. Die Hintergrundteile verleimen.
Ist die Pigment- bzw. Farbstoffbeize trocken, kann man das Malerkreppband vorsichtig vom Unterteil abziehen. Unter Einsatz der zuverlässigen Vorrichtung zum Ausrichten im rechten Winkel eine gleichmäßige Schicht Weißlack auf die Unterseite von Unter- und Oberteil rollen. Die Teile auf den zugehörigen Hintergrundteilen ausrichten und festklemmen. Das Mittelteil noch nicht anbringen.

9. Die Löcher zur Aufnahme des Bajonettaufhängers bohren.
Den Aufhänger (seine Oberkante) ca. 32 mm unterhalb der Werkstückoberkante zentrieren. Die Außenkontur des Aufhängers anreißen sowie je eine Markierung 8 mm unterhalb der Oberkante und oberhalb der Unterkante dieser Kontur. Die Markierungen dienen zum Bohren der ersten Löcher zur Aufnahme des Bajonettaufhängers. Die Ständerbohrmaschine mit einem 16-mm-Forstnerbohrer ausrüsten und die Bohrtiefe bis auf ca. 3 mm unterhalb der Werkstückoberfläche einstellen. Gemäß der Außenkontur des Aufhängers einander überlappende Löcher bohren. Beginnen Sie an den angerissenen 8-mm-Markierungen.

125

Kapitel 4: Wanddekoration

10. Die Seiten begradigen.
Mit einem 25-mm-Beitel die Seiten der Bohrungen mit vorsichtigen Schnitten begradigen. Bei hartem Holz mit einem Klüpfel arbeiten (den abgebildeten Beitel hat ein lieber Freund von mir aus recyceltem Holz gemacht). Mit einem schmaleren Beitel Holz innerhalb der Bohrung abtragen. Jeweils prüfen, ob der Aufhänger passt. Sind Sie zufrieden, die Kontur der inneren Aufhängeröffnung in der Aussparung anreißen.

11. Die Löcher für den Aufhänger bohren.
Sie müssen in der Öffnungsmitte einige Bohrungen machen, die Platz für den Bilderhaken schaffen. Die Ständerbohrmaschine mit einem 10-mm-Forstnerbohrer ausrüsten und ca. 3 mm tiefe, einander überlappende Bohrungen bis gerade über die Markierung hinaus machen. Die Kanten begradigen. Sowie der Aufhänger perfekt passt, bohren Sie Löcher zum Befestigen des Bilderhakens und schrauben ihn mit 10 mm langen Schrauben mit 3 mm Durchmesser fest.

12. Die Teile zusammenbauen.
Unter dem Oberteil benötigen Sie einige 3 mm starke Abstandshalter, die verhindern, dass das Oberteil wackelt oder abbricht. Das Mittelteil ausrichten und auf das Unterteil leimen. Einige Abstandshalter auf das Unterteil leimen, ehe Sie das Oberteil aufkleben. Ist der Leim trocken, ein Oberflächenmittel nach Wahl auftragen.

126

Mehrlagiger Wandschmuck mit Schmetterlingsmotiv

Die Vorlagenvariante ist ein schönes Schmetterlingsdesign. Schmetterlinge gehören zu meinen Lieblingsmotiven. Sie sind so anmutig und zerbrechlich und dennoch so munter. Den Unterschied macht bei dieser Mustervorlage wieder die verwendete Farbe. Ich habe die Hintergrundteile in einem satten Mahagonirot gebeizt. Ein weiterer Unterschied liegt in den Abmessungen. Orientieren Sie sich bezüglich der Abmessungen an der Vorlage. Natürlich können Sie die Vorlage auch nach Ihren Wünschen dimensionieren. Vergessen Sie nicht, bei der obersten Lage Abstandshalter zum Ausgleich und zur Verstärkung zu verwenden.

Kapitel 4: Wanddekoration

Mehrlagiger Wandschmuck: Schmetterlingsmotiv,
Montagezeichnung

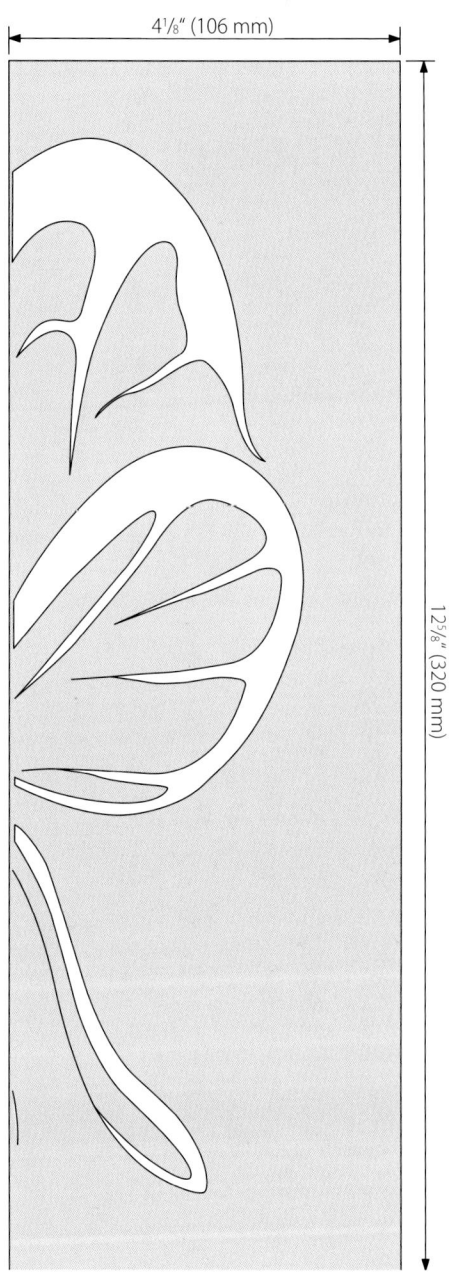

4 1/8" (106 mm)

12 5/8" (320 mm)

Vorlage für Mehrlagigen Wandschmuck:
Schmetterlingsmotiv,
Oberteil Nr. 4

Mehrlagiger Wandschmuck: Schmetterlingsmotiv

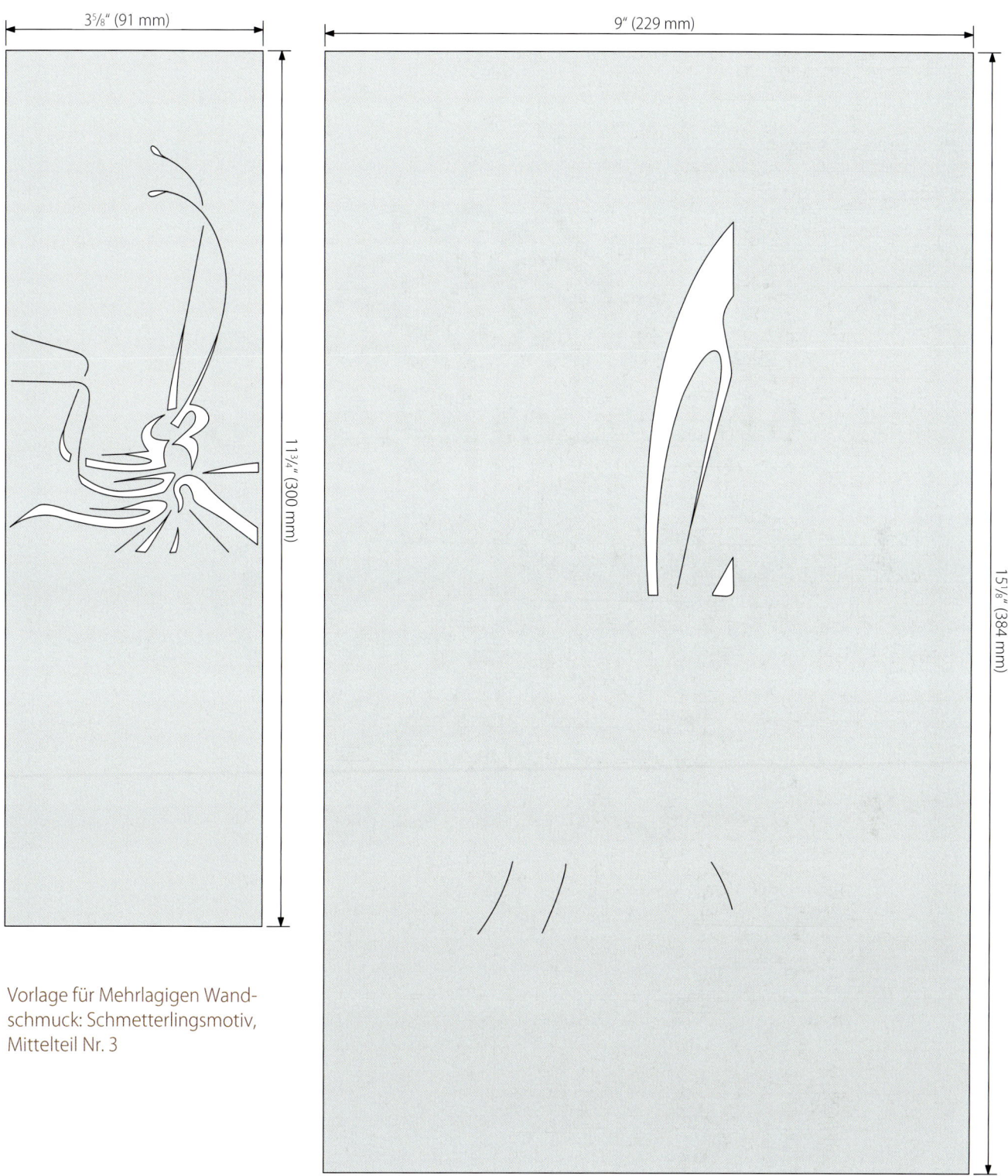

Vorlage für Mehrlagigen Wandschmuck: Schmetterlingsmotiv, Mittelteil Nr. 3

Alle Vorlagen auf 200 % vergrößern!

Vorlage für Mehrlagigen Wandschmuck: Schmetterlingsmotiv, Unterteil Nr. 1

129

Gerahmter Wandschmuck

WERKZEUG UND MATERIAL

- Tischkreissäge
- Gehrungssäge
- Nutensägeblatt
- Ständerbohrmaschine
- Schlitzschneidevorrichtung
- Bohrer, 2 – 3 mm Durchmesser
- Sägeblätter Nr. 2 und Nr. 5 (mit Gegenzähnen)
- Holzleim
- Sprühkleber
- Heißklebepistole
- Klebepatronen
- Bilderdraht zum Aufhängen des Bildes
- 2 Ringschrauben
- Beize nach Wahl
- Transparentes Paketklebeband
- Bandspanner
- Zinken- oder Feinsäge
- Einhand-Exzenterschleifer
- Malerkreppband
- Handbohrmaschine
- Oberflächenmittel zum Aufsprühen
- Schleifpapier, Korn 150 – 320
- Holzschrauben, 3,5 mm Durchmesser, 13 mm Länge

Der Entwurf geht auf den Mythos vom Grünen Mann zurück. Er steht für Wiedergeburt und neues Wachstum im Frühling und ist gleichzeitig der Beschützer der Wälder. Man findet sein in Stein gemeißeltes oder in Holz geschnitztes Abbild häufig in Kirchen.

Mein Design ist ausgesprochen komplex und weist viele Windungen und Schnittrichtungsänderungen auf. Aber nachdem Sie etwa ein halbes Dutzend Sägeblätter durchgebrannt haben, haben Sie ein Teil von graziler Optik vor sich, das dennoch – aufgrund der Netzstruktur der Ausschnitte – außerordentlich robust ist. Der schlichte Atelierrahmen hat gegehrte, mit Keilen verstärkte Ecken. Ich werde darauf eingehen, wie man mit einer simplen selbst gemachten Vorrichtung für die Tischkreissäge die Schlitze für die Keile herstellt. Die Rahmenelemente bestehen aus Rot-Ahorn. Die in eine Nut eingelassene Rückwand stellen wir aus Birkensperrholz her. Ferner benötigen Sie 3 mm starkes Laubholz für die Keile. Der Rahmen hängt an Bilderdraht, den wir durch Ösenschraubhaken hindurchgeführt haben. Man erhält sie im Eisenwarengeschäft oder in einer Rahmengalerie. Nach diesem Projekt haben Sie sicherlich einiges an Erfahrung hinzugewonnen!

Schnittliste

Teil Nr.	Anzahl	Bezeichnung	Maße	Material
1	1	Motivtafel	3 mm x 276 mm x 432 mm	Birke
2	1	Rückwand	10 mm x 546 mm x 724 mm	Birke
3	2	Rahmenseitenteile	19 mm x 32 mm x 584 mm oder 508 mm*	Rot-Ahorn
4	2	Rahmenober- und -unterteil	19 mm x 32 mm x 406 mm oder 508 mm*	Rot-Ahorn
	8	Gehrungskeile	3 mm x 25 mm x 38 mm	Laubholz

* 508 mm beziehen sich auf das Motiv Grüner Mann, das alternative Maß gilt für Quan Yin.

Kapitel 4: Wanddekoration

Vorlage für Gerahmten Wandschmuck: Motiv Grüner Mann
Vorlage auf 220 % vergrößern

Gerahmter Wandschmuck mit Motiv Grüner Mann
Schritt-für-Schritt-Anleitung

1. Das Material vorbereiten.
Alle Rahmenteile und die Motivtafel zuschneiden. Achten Sie darauf, dass die Rahmenteile Übermaß für die später zu schneidenden Gehrungen behalten. Alle Teile gemäß Schnittliste nummerieren.

2. Ein Stück Abfallholz zur Stabilisierung befestigen.
Mit etwas Heißleim ein Stück Abfallholz zur Stabilisierung an der Motivtafel befestigen. Die Teile währenddessen mit Schraubzwingen an den Kanten verspannen.

3. Die Einfädellöcher für die Sägeblätter bohren.
Die Löcher zum Einfädeln der Sägeblätter bohren Sie am besten mit einer Handbohrmaschine, da die Motivtafel für den Bohrtisch der meisten Ständerbohrmaschinen zu groß ist. Halten Sie den Bohrer möglichst rechtwinklig zum Material, damit das Bohrloch senkrecht verläuft. Verwenden Sie ein Abfallholz als Unterlage.

4. Die Vorlage aussägen.
Nun die filigranen Partien der Vorlage vorsichtig aussägen. Arbeiten Sie von der Mitte aus zu den äußeren Bereichen. Sind alle Innenschnitten ausgeführt, sägen Sie die Außenkontur des Teils. Es ist erstaunlich, wie stabil die innere Netzstruktur ist.

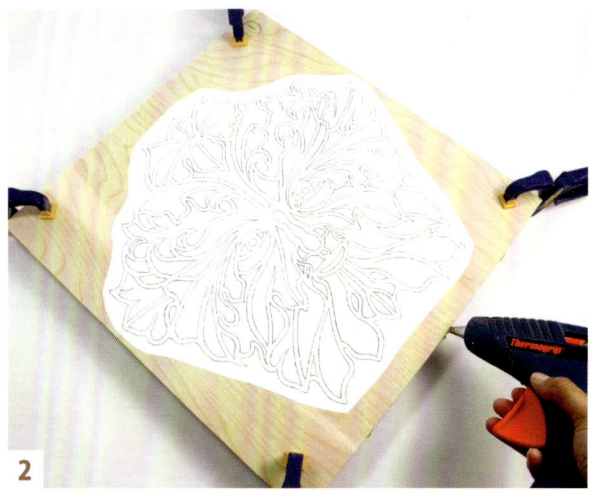

Kapitel 4: Wanddekoration

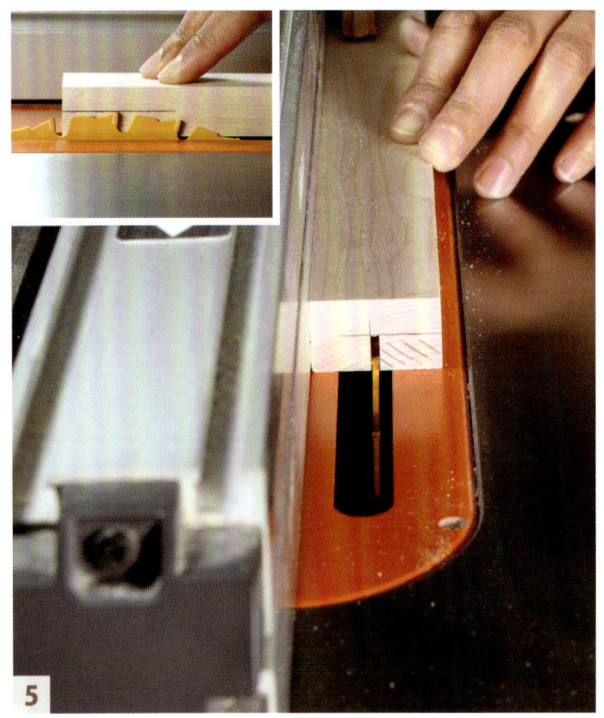

5. Die Nuten in die Rahmenteile schneiden.
Die Tischkreissäge mit einem Schlitz- oder Kombinationssägeblatt ausrüsten und die Nuten in die Rahmenteile sägen. Wir arbeiten in zwei Schritten. Die Nut muss 19 mm tief und 10 mm breit werden. Zunächst die Sägeblatthöhe einrichten, dann durch Ausrichten der Schnittlinie mit der Innenkante des Sägeblatts die Entfernung zwischen Anschlag und Sägeblatt einstellen. Führen Sie den eigentlichen Schnitt mit einem Schiebestock aus.

6. Der abschließende Schnitt für die Nut.
Komplettieren Sie die Nut, indem Sie ihre andere Seite schneiden. Die Sägeblatthöhe und Entfernung zum Anschlag neu einrichten, wobei Sie sich wiederum nach den Schnittlinien richten. Vergessen Sie nicht, aus Sicherheitsgründen mit einem Schiebestock zu arbeiten. Richten Sie den Schnitt auch so ein, dass das Abfallholz vom Blatt wegfällt und sich nicht zwischen Blatt und Anschlag fängt.

7. Die Gehrungen sägen.
Sie können die Gehrungen an den Rahmenseiten entweder auf der Tischkreissäge mit einem auf 45° eingestellten Gehrungsanschlag oder auf einer auf 45° eingestellten Gehrungssäge sägen. Schneiden Sie die Gehrung zunächst an ein Ende jeder Rahmenseite sowie des Ober- und Unterteils und arbeiten Sie dann mit einem Anschlagklotz, damit Sie zueinander gehörige Teile auf genau die gleiche Länge sägen.

8. Den Rahmen zusammenbauen.
Ehe Sie die Rahmenteile verleimen, sollten Sie eine Probemontage machen und alle zueinander gehörigen Gehrungen nummerieren. So kommt es beim Verleimen nicht zu Problemen. Auf alle Gehrungen eine gleich-

mäßige Schicht Leim auftragen. Die Teile zusammensetzen und das Ganze mit einem Bandspanner festspannen. Vergessen Sie nie, durch Messen der Diagonalen von einer Ecke zur anderen die Probe auf Rechtwinkligkeit zu machen.

9. Die Gehrungskeile vermaßen.
Die gegehrten Rahmenecken werden mit Keilen verstärkt. Zunächst reißt man an einer Rahmenecke Führungslinien an, indem man von der äußersten Ecke jeweils 19 mm nach innen misst und anreißt. Dann die beiden Punkte mit einer geraden Linie verbinden. Diese Führungslinie dient Ihnen beim Einrichten der Sägeblatthöhe.

10. Die Keilbemaßung abschließen.
Reißen Sie die Keilstärke (meist die Dicke Ihres Sägeblatts) auf der Rahmenkante an. Ich habe jeweils 8 mm von der vorderen und von der hinteren Rahmenkante aus gemessen. So erhalten Sie die Führungslinien, um den Abstand zwischen dem Anschlag der Tischkreissäge und dem Sägeblatt einzustellen.

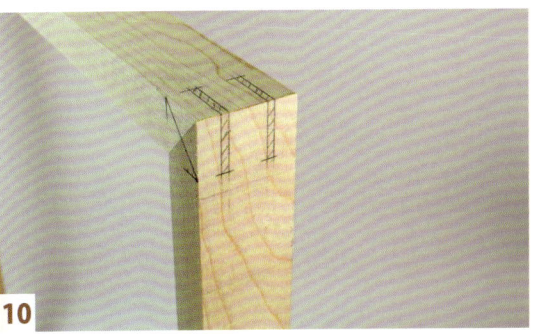

11. Die Schlitze für die Keile sägen.
Zum Sägen der Keilschlitze auf der Tischkreissäge benötigt man eine einfache Vorrichtung aus Abfallholzstücken (Seite 191). Zuvor jedoch die Sägeblatthöhe mithilfe der bereits früher an der Rahmenvorderseite angerissenen Führungslinien einstellen. Die Entfernung mithilfe der an der Rahmenkante angerissenen Führungslinien einstellen. Eine Rahmenecke in die Aufnahme einlegen, den Rahmen fest in dieser Position halten und das Ganze am Anschlag entlang über das Sägeblatt führen. Pro Ecke benötigen Sie zwei Keilschlitze. Um den zweiten Schlitz zu sägen, drehen Sie den Rahmen einfach um (den Tischkreissägenanschlag müssen Sie nicht neu einrichten).

12. Die Keile verleimen.
Ehe Sie die Keile in die Schlitze leimen, müssen Sie eine Probemontage machen! Es kann sein, dass Sie die Passung nacharbeiten müssen, indem Sie die Keile auf eine geringere Stärke schleifen. Sind Sie mit der Passung zufrieden, verleimen Sie jeden Keil in seiner Position, wobei Sie durch kräftiges Eindrücken dafür sorgen müssen, dass er bis zum Grund des Schlitzes eingepasst ist. Ein Festspannen ist dabei nicht erforderlich! Beachten Sie bitte, dass der Faserverlauf beim Keil mit einem Pfeil markiert wurde.

Kapitel 4: Wanddekoration

13. Die Keile zuschneiden und bündig schleifen.
Jeden Keil mit einer Zinken- oder Feinsäge sorgfältig bis auf ca. 2 bis 3 mm von der Rahmenkante entfernt absägen. Rahmen und Keil mit einem scharfen Beitel, einem Exzenterschleifer oder einem Schleifklotz bündig schleifen.

14. Rahmen und Motiv beizen.
Mit einem Schleifklotz das Motiv sorgfältig schleifen und dabei Grate und Fasern entfernen. Ich habe mich hinsichtlich der Farbgestaltung für eine dunkle Beize mit einem Walnusston entschieden. Füllen Sie eine große flache Schale mit Beize, und tauchen Sie das Werkstück dort hinein. Überschüssige Beize entfernen Sie, indem Sie das Werkstück mit der Vorderseite nach oben auf einige Lagen Küchenpapier legen. Auf den Rahmen können Sie die Beize mit dem Pinsel auftragen.

15. Die Rückwand befestigen.
Sind Sie mit dem Sitz der Rückwand im Rahmen zufrieden, schleifen Sie die Oberfläche mit dem Exzenterschleifer glatt. Die Rückwand mit Schrauben (3,5 mm Durchmesser, 13 mm Länge) festschrauben. Die Breite der Nut, auf der sie ruht, mit Bleistift aufzeichnen. Die Schrauben gleichmäßig über den Umfang verteilen. Senklöcher bohren und die Rückwand festschrauben. Leim benötigen Sie hier nicht!

Gerahmter Wandschmuck: Motiv Grüner Mann

16. Das Motiv befestigen.
Das Motiv im Rahmen zentrieren. Sind Sie mit seiner Position zufrieden, die äußersten Punkte der Motivkontur sorgfältig mit Malerkrepp markieren. Auf die Motivrückseite eine gleichmäßige Schicht Leim aufrollen und das Ganze mithilfe des Malerkrepps wieder an seine Position bringen. Während der Leim trocknet, das Motiv mit einem mit schweren Gegenständen wie Büchern gefüllten Karton beschweren.

17. Den Bilderdraht befestigen.
Den Rahmen mit mindestens drei Schichten transparentem Oberflächenmittel besprühen. Auf der Rahmenrückseite etwa ein Drittel unterhalb der Rahmenoberkante dort, wo die Nut auf die Kante der Rahmenrückwand trifft, Löcher anreißen und schräg bohren. Die Löcher sind für die Ringschrauben. Ich schraube sie gerne schräg in die Nut ein, weil der Rahmen dann bündiger an der Wand hängt. Sind die Haken auf beiden Rahmenseiten montiert, müssen Sie ein Drahtende durch den ersten Haken schlingen.

18. Abschließende Arbeiten.
Die erforderliche Drahtlänge ermitteln Sie, indem Sie einen Punkt ca. 25 mm unterhalb der oberen Rahmenmitte bestimmen. Den Draht durch diesen Punkt zur zweiten Ringschraube führen und etwas Zugabe hinzufügen. Den Draht kappen, durch die zweite Ringschraube hindurchführen und verschlingen.

16

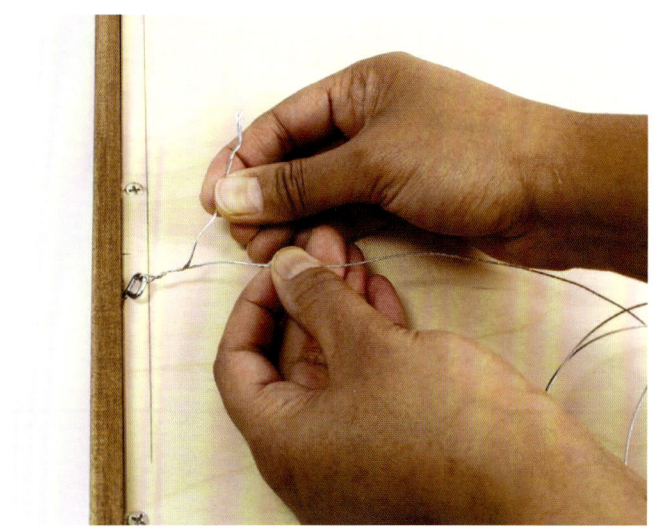

17

18

Gerahmter Wandschmuck mit Motiv Göttin des Mitgefühls (Quan Yin)

Die Vorlagenvariante ist die wunderschöne Göttin des Mitgefühls, im chinesischen Kulturkreis Quan Yin genannt. Quan Yin ist eine sehr alte Göttin. Sie ist die Schutzgöttin der Frauen und empfindet eine große Liebe zu den Menschen. Sie trägt die Lasten der Welt und macht sie zu ihren eigenen. Der Unterschied bei dieser Mustervorlage liegt in den unterschiedlichen Abmessungen der Teile. Orientieren Sie sich bezüglich der Abmessungen an der Vorlage. Darüber hinaus habe ich für das Motiv eine ebenholzfarbene Beize verwendet. Zur Betonung des Designs habe ich den Rahmen in der gleichen Farbe gebeizt.

Gerahmter Wandschmuck: Motiv Göttin des Mitgefühls (Quan Yin)

Vorlage für Gerahmten Wandschmuck: Motiv Göttin
Vorlage auf 200 % vergrößern

KAPITEL 5

BÜROACCESSOIRES

Wir alle müssen unser Leben ein wenig organisieren, das gilt vor allem für das „Homeoffice". Die nächsten Projekte werden Ihnen zeigen, wie auch Sie einen gut organisierten und ausgesprochen ansprechenden Arbeitsplatz gestalten können. Die Projekte umfassen eine einfache, aber dennoch elegante Stiftebox, einen überraschend zweckmäßigen Visitenkartenhalter für den Schreibtisch, ein außerordentlich funktionales und ins Auge fallendes Register, einen Kosmetiktücherbox-Behälter, der Ihrem Büro einen persönlichen „Look" verleiht, und nicht zuletzt eine stylische und nützliche Magnettafel für die tagesaktuellen Notizen. Auch in diesem Kapitel werden Sie alle Designthemen der vorherigen Projekte wiederfinden. Passen Sie die Mustervorlagen einfach an, bringen Sie sie auf die richtige Größe, und Sie können Ihre eigene Bürokollektion gestalten.

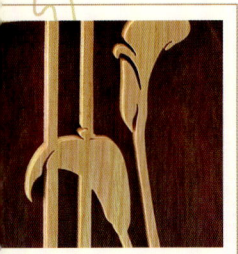    

Stiftebox

WERKZEUG UND MATERIAL

- Tischkreissäge
- Ständerbohrmaschine
- Bohrer, 2 mm Durchmesser
- Holzleim
- Weißleim
- Leimpinsel
- Sprühkleber
- Doppelseitiges Klebeband
- Transparentes Paketklebeband
- Malerkreppband
- Sägeblätter Nr. 2/0, Nr. 2 und Nr. 5 (mit Gegenzähnen)
- Oberflächenmittel nach Wahl
- Pigment- oder Farbstoffbeize nach Wahl
- Schaumstoffpinsel
- Papierhandtücher oder Baumwolllappen
- Trockengestell
- Maßband
- Lineal
- Kittmesser
- Filzpuffer oder Anti-Rutsch-Punkte
- Schleifpapier (verschiedene Körnungen)
- Schraubzwingen
- Bügeleisen
- Furnierband (Birke)
- Furnierrollwalze
- Abbrechmesser

Das erste Projekt aus der Büroserie ist eine Stiftebox, die dafür sorgt, dass Sie ein Schreibgerät immer dann griffbereit haben, wenn Sie eines benötigen. Als Design für die Stiftebox habe ich eine Weiterentwicklung meiner botanischen Serie gewählt – die geschwungenen, fließenden Linien einer Blume im Kontrast zu den strengen, geraden Linien eines Rahmenwerks. Die Calla steht für Pracht und Schönheit, zwei Attribute, die zu Ihrem Büro gut passen sollten. Die Stiftebox wird mit einfachen Gehrungsschnitten auf der Tischkreissäge konstruiert. Ihre Stifte werden nun nie mehr heimatlos sein!

Ich habe für Sie zwei Designvarianten zur Auswahl. Die erste ist eine Schwalbensilhouette. Schwalben gelten als Symbol für Gesundheit, Reichtum, Treue und eine lange, beschwerliche Heimreise.

Wollen Sie Ihre Bürokollektion mit Kreisen aufpeppen, ist die Stiftebox mit Kreismotiv das Richtige für Sie. Um die auf dem Foto zu sehende Motivspiegelung zu erzielen, müssen Sie mit zwei Motivstapeln, bestehend aus jeweils zwei Außenhüllen, arbeiten. Auf jedem Stapel befestigen Sie eine der spiegelbildlichen Vorlagen (von S. 145). Stapeln Sie dagegen alle vier Teile der Außenhülle in einem Stapel und verwenden dafür nur eine Vorlage, erhalten Sie das gespiegelte Motiv nicht. Auch das ist völlig in Ordnung.

Schnittliste

	Teil Nr.	Anzahl	Bezeichnung	Maße	Material
Außenhülle	1	4	Seitenteile	3 mm x 83 mm x 117 mm	Sperrholz
Innenbox	2	4	Seitenteile	6 mm x 76 mm x 108 mm	Sperrholz
	3	1	Boden	10 mm x 76 mm x 76 mm	Sperrholz

Kapitel 5: Büroaccessoires

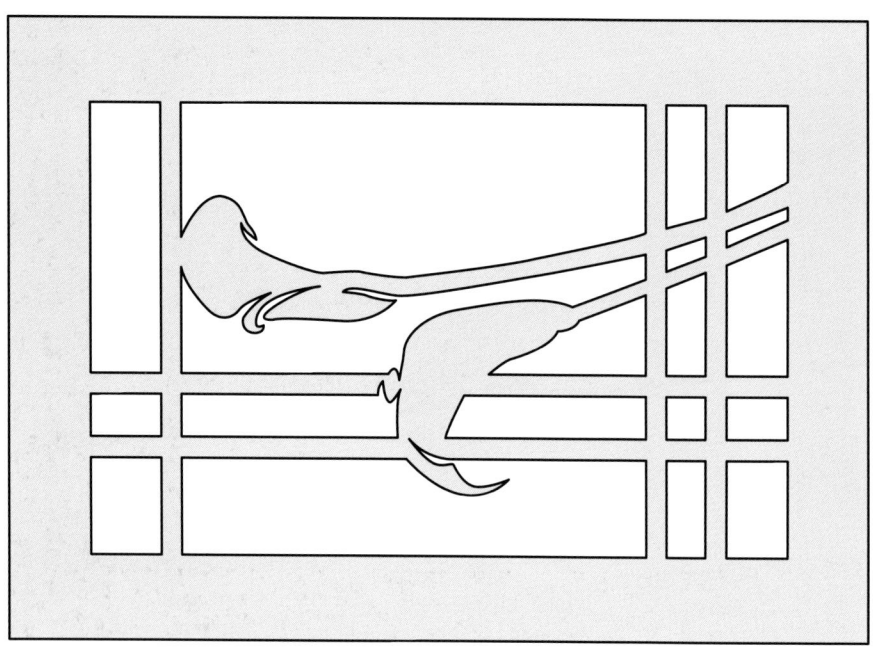

Vorlage für die Stiftebox:
Callamotiv

Vorlage für die Stiftebox: Vogelmotiv
Vorlage 1:1

Stiftebox

Vorlage für die Stiftebox: Kreismotiv
Vorlage 1:1

Vorlage für die Stiftebox: Kreismotiv
Vorlage 1:1

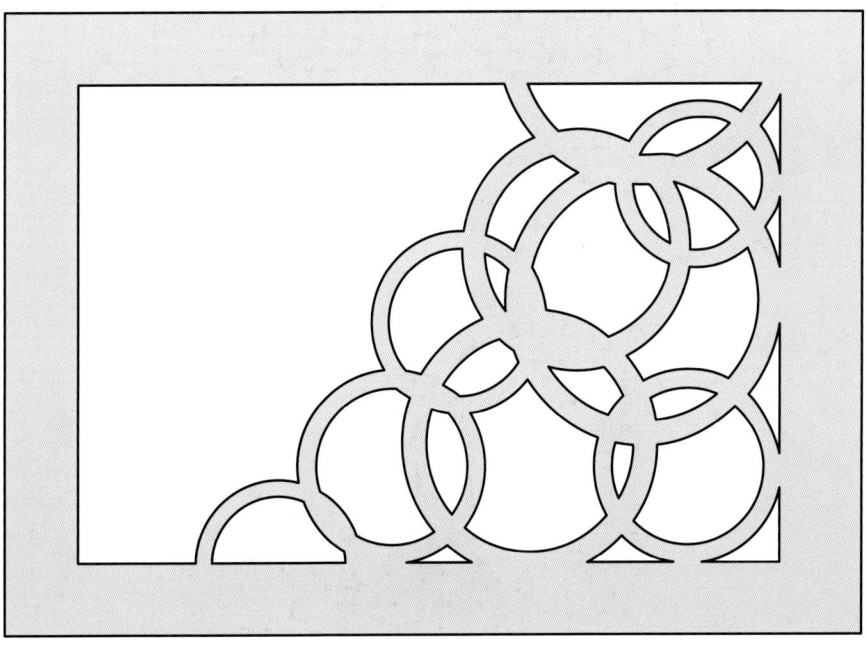

Kapitel 5: Büroaccessoires

Stiftebox mit Callamotiv Schritt-für-Schritt-Anleitung

1. Das Material vorbereiten.
Das Sägeblatt der Tischkreissäge auf 45° kippen und eine Gehrung an eine Kante der Innenboxseiten sägen. Den Sägenanschlag auf die endgültige Breite einstellen und die andere Kante sägen. Auf der mit einem Anschlagklotz versehenen Gehrungssäge die Innenboxseiten ablängen.

Nun die Innenboxseiten mit transparentem Klebeband aneinander befestigen. Die exakten Maße ausmessen, die die Seiten der Außenhülle haben müssen, und diese auf der Tischkreissäge mit gekipptem Sägeblatt zusägen. Zum Schluss das Sägeblatt wieder auf 90° einstellen, die Seitenteile der Außenhülle ablängen und den Boden zusägen.

2. Alle Teile nummerieren.
Unmittelbar nach dem Sägen alle Teile gemäß Schnittliste nummerieren.

3. Die Innenboxseiten aneinandersetzen.
Die 4 Seiten einer viereckigen Box mit Gehrungskanten lassen sich einfach mit transparentem Klebeband aneinandersetzen. Dazu alle Seiten entlang eines Lineals Gehrung an Gehrung ausrichten und über jede Nahtstelle einen Klebebandstreifen kleben (wie beim Akzentleuchtenprojekt gezeigt). Vor dem Verleimen der Seiten das Innere glatt schleifen.

4. Die Gehrungskanten verleimen.
Das Ganze wenden, sodass die Gehrungen nach oben zeigen. Mit einem Leimpinsel auf jede Gehrung Leim auftragen. Vergessen Sie dabei die äußeren Gehrungen nicht. Die Gehrungen so aneinanderklappen, dass die äußeren beiden Gehrungen zusammentreffen. Prüfen, ob die Box rechtwinklig ist (siehe Bild im Bild).

Stiftebox

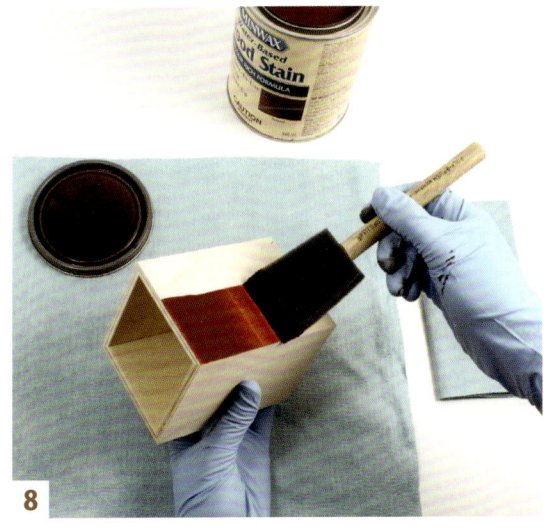

5. Die Außenhüllenseiten stapeln.
Während die Innenbox trocknet, kann man mit der Außenhülle beginnen. Verwenden Sie die unentbehrliche Vorrichtung zum Ausrichten im rechten Winkel (Seite 189), um die 4 Außenhüllenseiten zu stapeln. Die Kanten des Stapels mit Malerkrepp umkleben. Alternativ können Sie zwischen die Stapellagen Streifen doppelseitigen Klebebands legen.

6. Die Einfädellöcher für die Sägeblätter bohren.
Einige Streifen transparentes Paketklebeband auf die Oberseite des Stapels kleben. Dies bewirkt mehr Laufruhe beim Sägen. Auf der Ständerbohrmaschine mit einem 2-mm-Bohrer die Löcher zum Einfädeln der Sägeblätter bohren.

7. Die Vorlage aussägen.
Die Vorlage mit einem Sägeblatt Nr. 5 mit Gegenzähnen aussägen. Arbeiten Sie in der Mitte beginnend nach außen.

8. Die Innenboxseiten beizen.
Ist der Leim der Innenbox trocken, das Ganze glatt schleifen. Dabei darauf achten, dass die Box rechtwinklig bleibt. Die gewünschte Pigment- oder Farbstoffbeize als Kontrastfarbe auf das Werkstück auftragen. Alternativ können Sie die Außenhülle beizen und die Innenbox naturfarben belassen. Der Kontrast wird dadurch nur umgedreht.

Kapitel 5: Büroaccessoires

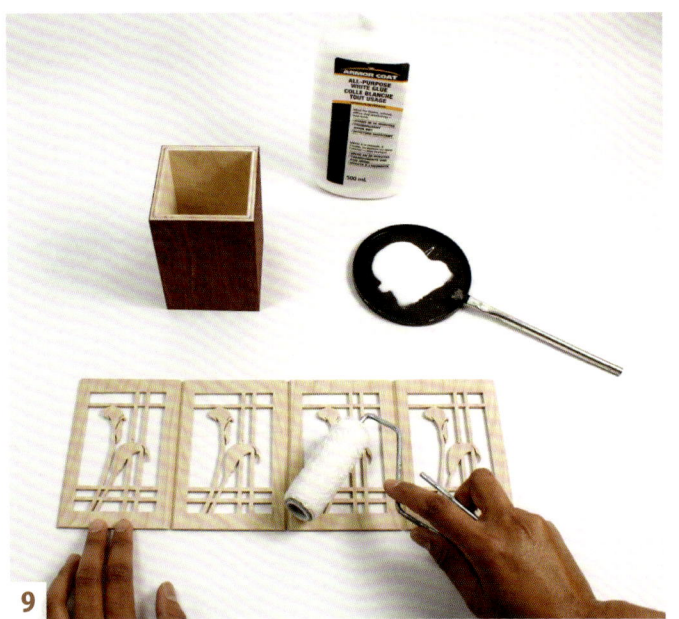

9. Die Außenhülle verleimen.
Während Sie die Beize auf der Innenbox trocknen lassen, können Sie an der Außenhülle weiterarbeiten. Die Innenseite der Motivteile leicht schleifen und etwaige Grate entfernen. Dann wie bei der Innenbox die Gehrungen der Außenhülle mit transparentem Paketklebeband bekleben. Ist die Beize auf der Innenbox trocken, können Sie auf die Innenseite der Außenhülle eine gleichmäßige Schicht Weißleim aufrollen. Vergessen Sie nicht, auf alle Gehrungen Leim aufzutragen.

10. Die Außenhülle befestigen.
Die Außenhülle mit der Unterkante nach oben um die Innenbox stellen. Dadurch, dass Sie die Außenhülle verkehrt herum montieren, wird die Oberkante der Stiftebox automatisch bündig. Gleichzeitig erzeugt man eine Nut für den Boden. Die Seiten mit Schraubzwingen und Leimklötzen auf die Innenbox spannen. Achten Sie darauf, dass beide Werkstücke fest miteinander verbunden werden.

11. Den Boden einbauen.
Ehe Sie den Boden verleimen, prüfen Sie, ob er rechtwinklig in die Nut passt. Mit dem Pinsel etwas Holzleim auf die Nut auftragen und den Boden einlegen. Festspannen.

12. Die Seiten schleifen.
Ist der Leim trocken, die Seiten des Werkstücks auf dem Schleifbrett (Seite 23) mit unterschiedlichen Körnungen glatt schleifen.

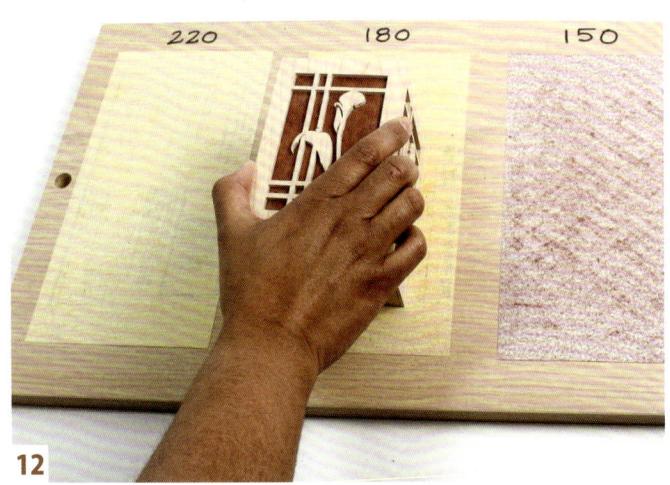

13. Oberkante und Boden plan schleifen.
Die Oberkante und den Boden der Stiftebox auf dem Schleifbrett bündig schleifen. Danach sind die Oberkanten fertig zum Aufbügeln des Furnierbandes.

14. Die Oberkante furnieren.
Verfahren Sie wie beim Schlüsselkastenprojekt (Seite 74). Die Streifen anbringen, aufbügeln und dann mit der Furnierrollwalze andrücken. Der Unterschied ist diesmal, dass wir beim Furnier statt einer gestoßenen eine gegehrte Kante erzeugen. Achten Sie darauf, die Gehrungen exakt mit den Ecken der Stiftebox auszurichten.

15. Die Furnierkanten bündig feilen.
Überschüssiges Furnier mit einem Abbrechmesser abschneiden. Dann alle Furnierkanten sorgfältig mit einer Feile versäubern. Die Furnieroberseite leicht anschleifen. Ein transparentes Oberflächenmittel aufsprühen. Abschließend am Boden der Stiftebox einige Anti-Rutsch-Punkte befestigen.

13

14

15

Visitenkartenhalter

WERKZEUG UND MATERIAL

- Ständerbohrmaschine
- Bohrer, 2 mm Durchmesser
- Sägeblätter Nr. 2/0, Nr. 1 und Nr. 5 (mit Gegenzähnen)
- Holzleim
- Weißleim
- Klebepatronen
- Heißklebepistole
- Sprühkleber
- Mini-Schraubzwingen
- Transparentes Paketklebeband
- Doppelseitiges Klebeband
- Malerkreppband
- Furnierband, Birke (nach Wahl)
- Furnierrollwalze
- Bügeleisen
- Schleifpapier (verschiedene Körnungen)
- Pigment- oder Farbstoffbeize nach Wahl
- Flaches Gefäß
- Oberflächenmittel nach Wahl
- Abbrechmesser
- Lineal
- Kittmesser
- Abfallholz als Hintergrundmaterial

Brauchen Sie etwas, um Ihre Visitenkarten im Büro oder bei einer Konferenz oder Handwerksmesse auf einem Präsentationstisch anzubieten? Dafür habe ich eine tolle Lösung, die zugleich wunderschön wie auch reisefreundlich ist: Es ist ein ins Auge fallender, zerlegbarer Ständer, der problemlos 70 Visitenkarten von 51 mm x 76 mm Größe aufnehmen kann. Damit er zerlegbar ist, musste ich eine Überplattung machen. Bei dieser Art Verbindung handelt es sich einfach um einen tiefen Einschnitt, der jeweils in der Mitte der zusammenzufügenden Teile endet. Ich werde zeigen, wie man nur mit der Feinschnittsäge eine so passgenaue Holzverbindung herstellt. Eine Visitenkarte ist ein exzellenter Werbeträger. Sie erinnert ständig an Sie, wenn Sie sie potenziellen Kunden gegeben haben. Sie muss deshalb sowohl attraktiv als auch professionell sein. Ein handwerklich gut gearbeiteter und auffälliger Visitenkartenhalter zur Präsentation Ihrer Karten wird Ihre Glaubwürdigkeit als Profi in Ihrem Geschäft ganz sicher fördern.

Die vorgestellte Vorlage ist ein auffälliges Rosendesign. Die Rose steht für die Liebe in ihren verschiedenen Formen. Als Alternative zeige ich eine Variation des Libellenmotivs, das Sie schon aus dem Gürtelschnallenprojekt kennen.

Schnittliste

Teil Nr.	Anzahl	Bezeichnung	Maße	Material
1	1	langes Motivteil	3 mm x 95 mm x 168 mm	Birken-Sperrholz
2	1	langes Hintergrundteil	6 mm x 95 mm x 168 mm	Birken-Sperrholz
3	1	kurzes Teil	10 mm x 95 mm x 89 mm	Birken-Sperrholz

Kapitel 5: Büroaccessoires

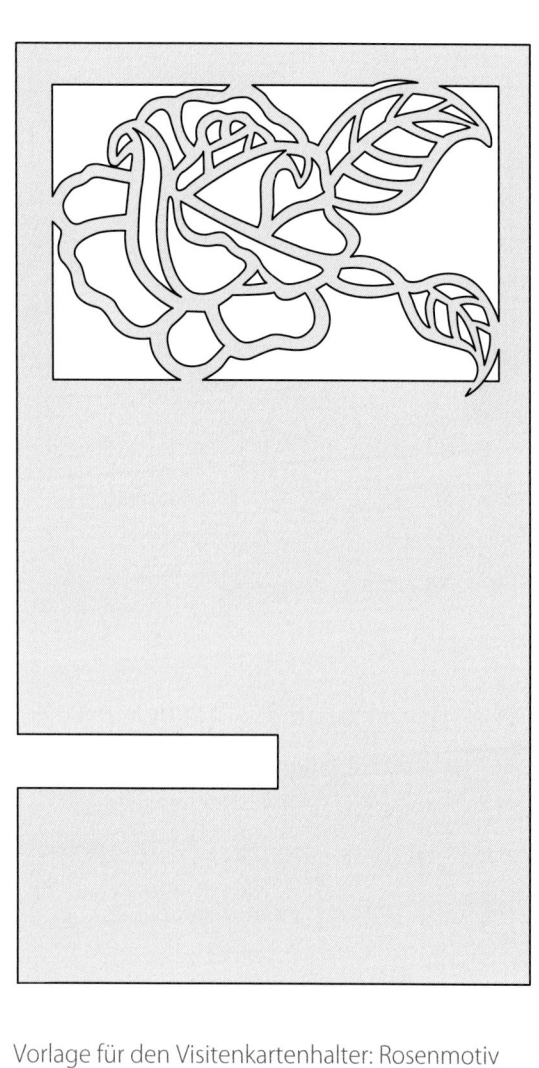

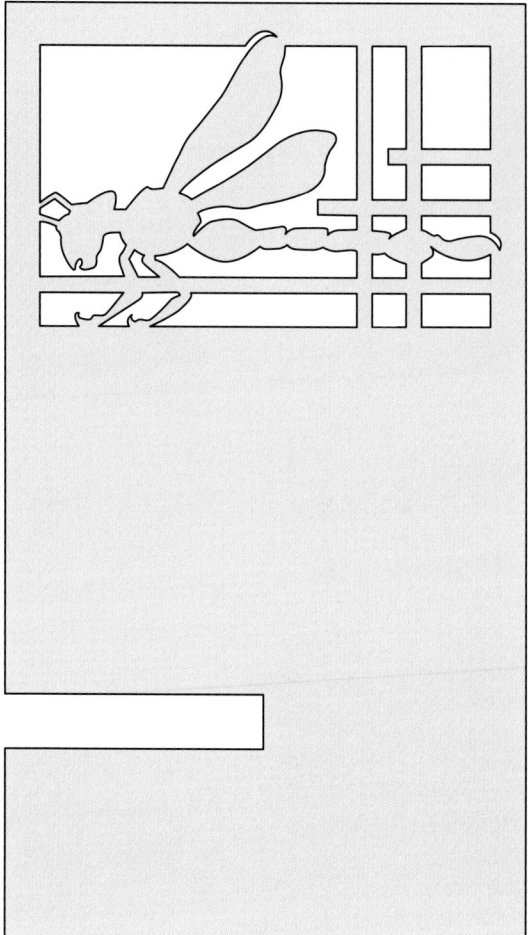

Vorlage für den Visitenkartenhalter: Rosenmotiv
Motivteil, Vorlage auf 135 % vergrößern

Vorlage für den Visitenkartenhalter: Libellenmotiv
Motivteil, Vorlage auf 135 % vergrößern

Kurzes Teil

Kurzes Teil

Visitenkartenhalter mit Rosenmotiv Schritt-für-Schritt-Anleitung

1. Das Material vorbereiten.
Die Teile gemäß Schnittliste auf Fertigmaß zuschneiden. Das Projekt besteht zwar nur aus wenigen Teilen, doch es lohnt immer, jedes einzelne Teil zu nummerieren. Da alle Teile Fertigmaß haben, schneidet man die Vorlage am besten mit Lineal und Abbrechmesser entlang der Außenkontur zu. Die Papiervorlagen mit Sprühkleber temporär auf den entsprechenden Holzteilen fixieren. Für einen laufruhigeren Schnitt einige Streifen transparentes Paketklebeband über die Papiervorlagen kleben.

2. Am Motivteil ein Hintergrundteil aus Abfallholz befestigen.
Mit Malerkrepp ein Stück Abfallholz am Motivteil (Teil Nr. 1) befestigen. Ich verwende einen 6 mm starken Mahagoni-Sperrholzrest.

3. Die Vorlage aussägen.
Nach dem Bohren der Einfädellöcher für die Sägeblätter auf der Feinschnittsäge alle Innenschnitte mit Sägeblättern Nr. 2/0 oder Nr. 1 machen. Vergessen Sie nicht, jeden Schnitt vor dem Sägen genau zu planen, damit Sie sich nicht festsägen. Die Überplattung schneiden Sie erst später aus.

4. Das Motiv auf dem Hintergrundteil befestigen.
Sind alle Innenschnitte gemacht, das Motivteil auf dem langen Hintergrundteil befestigen. Die beiden Teile mit einigen Streifen doppelseitigem Klebeband provisorisch miteinander verbinden. Klebeband immer nur sparsam verwenden, damit sich die Teile wieder leicht trennen lassen.

5. Die exakte Stärke der Überplattungen anreißen.
Vor dem Sägen der Überplattungen alle Teile glatt schleifen. Dann mit einem roten Filzstift die exakte Stärke auf jedem der beiden zueinander gehörenden Teile anreißen. Die Linien auf den Vorlagen sind nur zur Orientierung gedacht. Da sich die exakten Maße durch Sägen und Schleifen verändern können, sollten Sie sie überprüfen.

6. Die Überplattung am Motivteil sägen.
Mit einem Sägeblatt Nr. 5 mit Gegenzähnen die Überplattung am Motivteil sägen. Versuchen Sie, stets an der Innenseite der Linie zu sägen. Die gesamte Linienstärke sollte sichtbar bleiben. Weiteres Material abzutragen, ist immer möglich, etwas wieder anzubringen dagegen nicht! Machen Sie bei der Arbeit immer wieder eine Probemontage und passen Sie die Maße ggf. geringfügig an.

7. Die Überplattung am kurzen Teil sägen.
Das Motivteil glatt schleifen und die Überplattung auf dem kurzen Teil anreißen. Mit einem Sägeblatt Nr. 5 mit Gegenzähnen aussägen. Die Teile probemontieren und ggf. anpassen.

8. Die gestapelten Teile trennen.
Sind Sie mit der Passung zufrieden, müssen Sie die gestapelten Teile gleich voneinander trennen. Es ist wichtig, zueinander gehörende Teile zu kennzeichnen, vor allem wenn Sie mehrere Visitenkartenhalter auf einmal herstellen. Das Motivteil mit einem breiten Kittmesser vom Hintergrundteil trennen. Wenn Sie möchten, können Sie die sichtbaren Kanten des kurzen Teils furnieren.

Visitenkartenhalter

9

10

11

12

9. Die Teile vor dem Verleimen beizen.
Alle Teile glatt schleifen und vor allem alle Grate entfernen. Das Motivteil und das kurze Teil in ein mit der gewünschten Beize gefülltes Gefäß tauchen und beizen. Das Hintergrundteil nur rückseitig beizen, um die kontrastierende Vorderseite zu erhalten.

10. Motiv- und Hintergrundteil miteinander verleimen.
Ist die Beize getrocknet, eine gleichmäßige Schicht Weißleim nur auf die Rückseite des Motivteils rollen. Das Motivteil auf dem Hintergrundteil ausrichten und festspannen. Dabei besonders auf die korrekte Ausrichtung der Schlitze achten. Hierzu die Vorrichtung zum Ausrichten im rechten Winkel verwenden.

11. Sichtbare Sperrholzkanten furnieren.
Alle Kanten rechtwinklig schleifen und alle sichtbaren Sperrholzkanten furnieren. Dieser Arbeitsgang ist natürlich nicht unbedingt erforderlich, doch gibt er dem Ganzen sicherlich den letzten Schliff. Überstehendes Furnier mit einem Abbrechmesser bündig abschneiden.

12. Oberflächen behandeln.
Alle noch nicht behandelten Kanten sorgfältig beizen und ein Oberflächenmittel nach Wahl auftragen. Das Schöne an diesem Visitenkartenhalter ist, dass er zerlegbar bleiben soll. Man muss die Teile also nicht miteinander verleimen.

Register

WERKZEUG UND MATERIAL

- Tischkreissäge
- Nutensägeblatt
- Ständerbohrmaschine
- Bohrer, 2 mm Durchmesser
- Sägeblätter Nr. 5 (mit Gegenzähnen)
- Klebepatronen
- Heißklebepistole
- Holzleim
- Weißleim
- Leimroller
- Sprühkleber
- Abbrechmesser
- Schraubzwingen
- Mini-Schnellschraubzwingen
- Transparentes Paketklebeband
- Kreppband
- Schleifpapier (verschiedene Körnungen)
- Exzenterschleifer (oder Schleifklotz)
- Pigment- oder Farbstoffbeize (nach Wahl)
- Oberflächenmittel (nach Wahl)
- Furnierband (Birke)
- Furnierrollwalze
- Bügeleisen
- Kittmesser
- Feile
- Anti-Rutsch-Punkte oder Filzpuffer

Wenn Sie nicht anders sind als die meisten Menschen, ist die Wahrscheinlichkeit groß, dass auch auf Ihrem Schreibtisch ein Stapel unansehnlicher Vorgänge herumliegt. Um dieser schlechten Angewohnheit Einhalt zu gebieten, habe ich mir eine einfache, aber geniale Lösung in Form eines Schreibtisch-Registers einfallen lassen. Man kann die Vorgänge vertikal in das Register einsortieren, wobei Trennelemente die Organisation noch effektiver machen.

Die vorgestellte Mustervorlage trägt ein Design aus ineinanderfließenden Kreisen. Die Kreise werden von geraden Linien in Schach gehalten, was zusätzlichen optischen Kontrast erzeugt. Wie der Visitenkartenhalter kann auch das Register bei Nichtgebrauch zerlegt werden. Erzielt wird dies durch in die Querschienen geschnittene Nuten und dazu passende flache Nuten in den Trennwänden. Als Material verwende ich Birkensperrholz mit furnierten Kanten für die Trennelemente und massiven Ahorn für die Querschienen. Das einfache und dennoch elegante Profil der Querschienen ergänzt das Gesamtbild des Registers um eine asiatische Ästhetik. Sich stapelnde Vorgänge werden bald der Vergangenheit angehören, wenn auch Sie ein so attraktives und funktionales Register besitzen.

Schnittliste

Teil Nr.	Anzahl	Bezeichnung	Maße	Material
1	2	Motivtafeln	3 mm x 152 mm x 229 mm	Birke
2	2	Hintergrundteile	3 mm x 152 mm x 229 mm	Birke
3	3	Trennwände	3 mm x 152 mm x 229 mm	Birke
4	2	Querschienen	19 mm x 19 mm x 260 mm	Ahorn massiv

Kapitel 5: Büroaccessoires

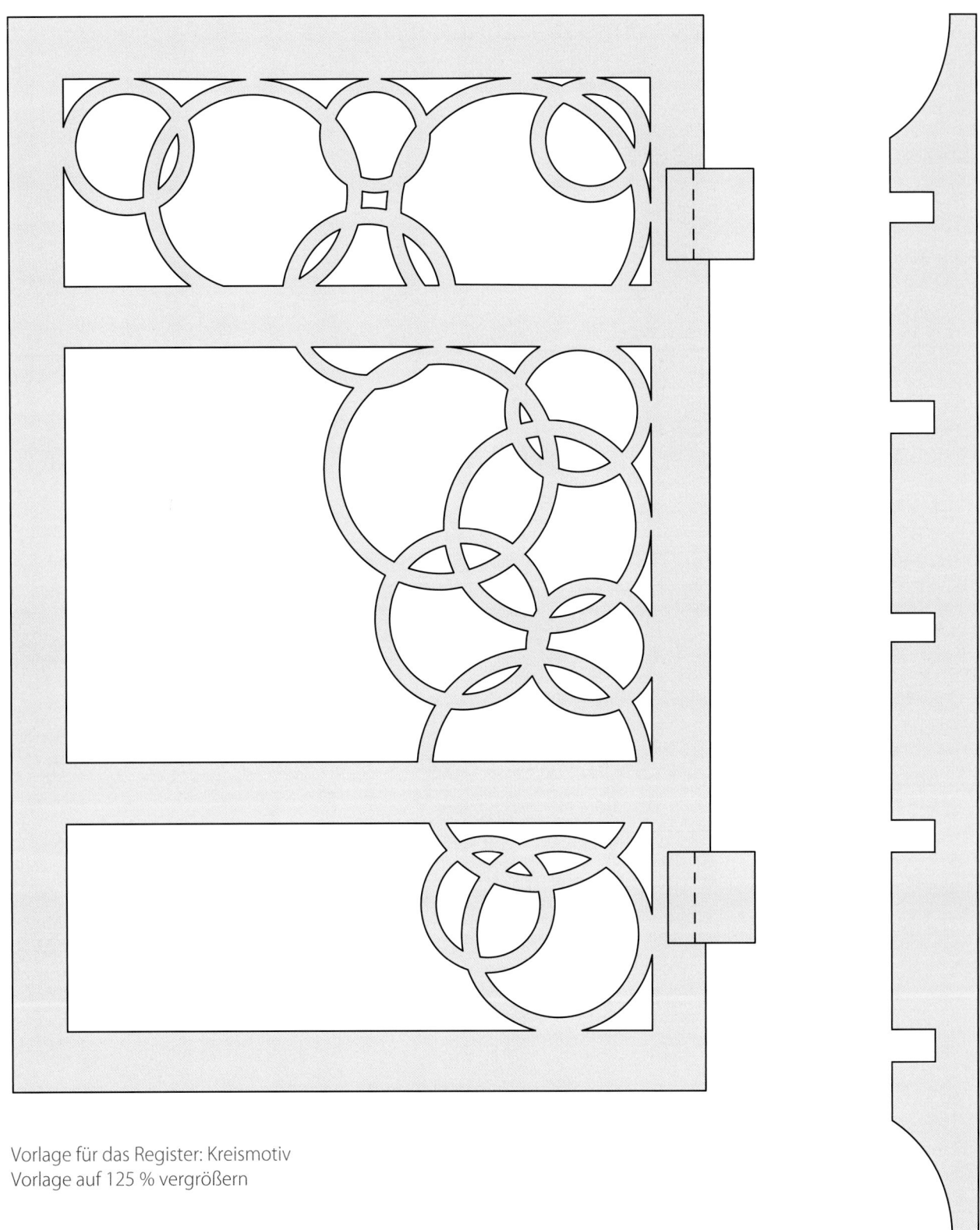

Vorlage für das Register: Kreismotiv
Vorlage auf 125 % vergrößern

Querschiene

Register mit Kreismotiv Schritt-für-Schritt-Anleitung

1. Das Material vorbereiten.
Mit der Tischkreissäge und einem Kombinationssägeblatt alle Teile auf endgültige Länge und Breite zusägen. Das Kombinationssägeblatt ist besonders gut geeignet, da wir gleichzeitig sowohl längs als auch quer zur Faser sägen. Alle Teile gleich nach dem Zuschnitt nummerieren.

2. Die Teile stapeln.
Die Papiervorlage mit Lineal und Abbrechmesser auf das exakte Maß zuschneiden. Die Vorlage mit Sprühkleber auf den Teilen fixieren. Die beiden Motivtafeln mithilfe unserer zuverlässigen Vorrichtung zum Ausrichten im rechten Winkel (Seite 192) stapeln und ausrichten. Den Stapel mit Kreppband oder einigen Streifen doppelseitigem Klebeband befestigen.

3. Die Einfädellöcher für die Sägeblätter bohren.
Mit der Ständerbohrmaschine und einem 2-mm-Bohrer die erforderlichen Löcher zum Einfädeln der Sägeblätter bohren. Legen Sie beim Bohren immer ein neues Restholz unter. Rückseitig verbliebene Grate wegschleifen.

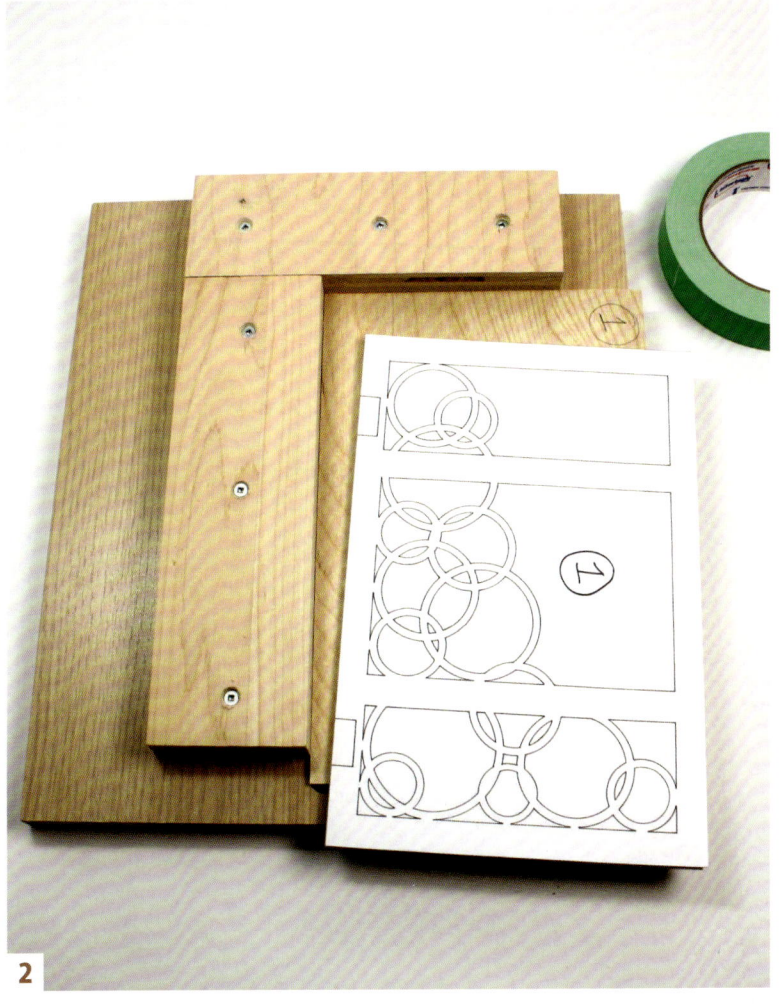

Kapitel 5: Büroaccessoires

4. Die Vorlage aussägen.
Die Vorlage mit dem von Ihnen gewählten Sägeblatt aussägen. Wie bereits manche zuvor, hat auch diese Vorlage viele scharfe innen liegende Ecken. Verrunden Sie die Ecken zunächst ein wenig, fahren dann zurück und sägen sie anschließend eckig aus. Beim Aussägen der Kreise darf man nie vergessen, das Werkstück mit gleichmäßiger Bewegung zu drehen. So vermeidet man, dass die Schnittfläche ballig oder hohl wird.

5. Die Teile schleifen.
Sind alle Innenschnitte ausgeführt, nehmen Sie das Kreppband ab und trennen den Stapel auf. Alle Trennwände, Motivtafeln und Hintergrundteile entweder mit einem Exzenterschleifer oder einem Schleifklotz mit Schleifpapier in unterschiedlicher Körnung glatt schleifen.

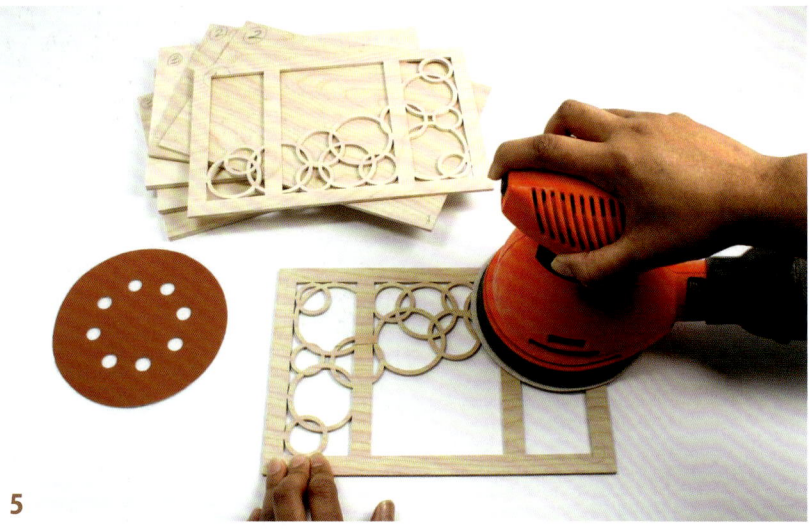

6. Motivtafeln und Hintergrundteile verleimen.
Die Oberseite der Hintergrundteile mit der von Ihnen gewählten Pigment- bzw. Farbstoffbeize färben. So sorgen Sie für zusätzlichen Kontrast. Die Motivtafel unter Verwendung der Vorrichtung zum Ausrichten im rechten Winkel auf dem Hintergrundteil präzise ausrichten und verleimen. Mit einem Leimroller eine gleichmäßige Schicht Weißleim nur auf die Rückseite der Motivtafel auftragen und diese mit Schraubzwingen auf das Hintergrundteil spannen. Das zweite Motiv- und Hintergrundteil in der gleichen Weise verleimen.

Register

7. Sichtbare Kanten furnieren.
An den Kanten der vormontierten Teile herausgetretenen Leim entfernen. Mit dem Bügeleisen Furnier auf die Oberkante und die Seitenkanten aller Teile aufbügeln (die Unterkante braucht man nicht zu furnieren). Da das Furnierband 19 mm breit ist und unsere Teile nur 6 mm, können Sie die Furnierstreifen längs halbieren.

8. Die Querschienen vorbereiten.
Sind die Querschienen auf ihre exakte Länge zugeschnitten, können Sie die zugehörige Vorlage auf einer Querschiene befestigen. Beide Teile mit Streifen doppelseitigen Klebebands miteinander verbinden. Achten Sie darauf, dass alle Kanten und die Enden gut ausgerichtet sind. Mit Schraubzwingen den Zusammenhalt der Querschienen noch verstärken.

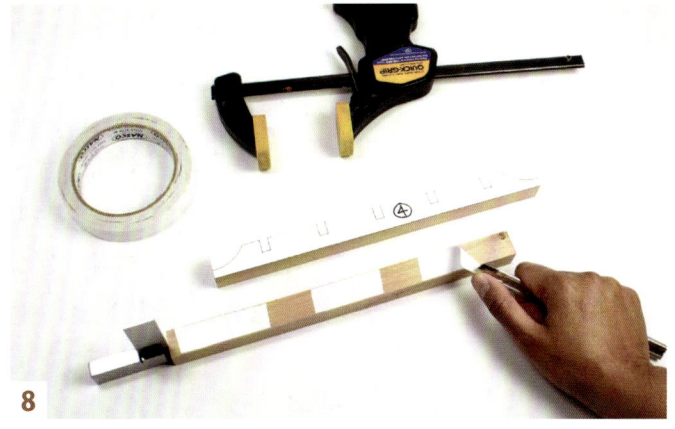

9. Die Kerben in den Querschienen vorbereiten.
Die Linien auf den Vorlagen für die Querschienen stellen zunächst nur Orientierungsmaße dar. Verwenden Sie sie, um sie nun auf die exakte Stärke der Motivtafeln und Trennwände zu korrigieren. Halten Sie die Teile an die Orientierungslinien und reißen Sie die genaue Stärke an. Als Nächstes stellen Sie die Höhe des Sägeblatts mithilfe der Querschienen ein. Danach den Abstand zwischen Sägeblatt und Anschlagklotz einstellen.

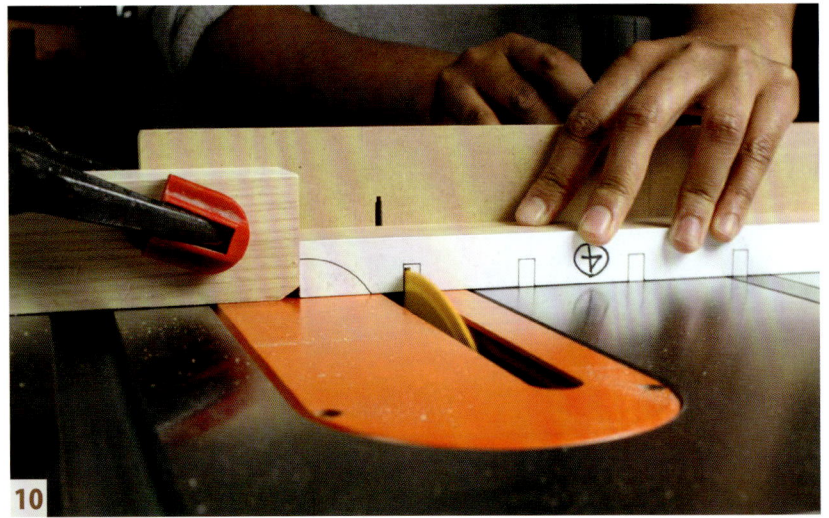

10. Den ersten Schnitt ausführen.
Meistens ist Sperrholz etwas dünner als vom Hersteller angegeben. Man verwendet daher besser ein Nutensägeblatt. Man wird mehrmals sägen müssen, um die Nut zu verbreitern. Beginnen Sie mit dem ersten Schnitt in der ersten Nut, drehen Sie die Querschiene von einem Ende zum anderen und sägen dann den ersten Schnitt auf der gegenüberliegenden Seite.

11. Die zweite Nut vorbereiten und sägen.
Nachdem nun für die Endnuten die ersten Schnitte gesägt sind, richten Sie den Anschlagklotz für die inneren Nuten neu ein. Markieren Sie die Position des Anschlagklotzes. Dann wiederum die Querschiene von einem Ende zum anderen drehen, um die gegenüberliegende Nut zu sägen. Sind die ersten Schnitte für die beiden äußeren Nuten gesägt, nehmen Sie den Anschlagklotz weg und sägen den ersten Schnitt für die mittlere Nut. Hierfür müssen Sie keinen Anschlagklotz einrichten, da es nur eine mittlere Nut gibt.

12. Die Nuten verbreitern.
Sind für alle Nuten die ersten Schnitte ausgeführt, stellen Sie den Anschlagklotz zum Verbreitern der Nuten ein. Richten Sie das Sägeblatt an den zuvor erstellten Anrisslinien aus und sägen zum Verbreitern der ersten Endnut einen zweiten Schnitt. Dann die Querschiene wieder von einem Ende zum anderen drehen und die zweite Endnut sägen.

13. Die Nuten fertigstellen.
Es lohnt sich, eine zusätzliche Querschiene zu sägen, um sie als Testschiene für die Passung der Nuten zu verwenden. Sind die beiden Endnuten fertig gesägt, können Sie die verbliebenen Nuten wie oben beschrieben verbreitern.

14. Das Profil sägen.
Sowie alle Nuten fertig sind, können Sie damit beginnen, die Profile an den Enden der Querschienen zu sägen. Arbeiten Sie mit der Feinschnittsäge und einem stärkeren Sägeblatt.

15. Das Profil schleifen.
Ehe Sie die Querschienen voneinander trennen, sollten Sie das Profil mit einem 13-mm-Rundstab, den Sie mit Schleifpapier in unterschiedlichen Körnungen umwickelt haben, glatt schleifen. Anschließend die Querschienen trennen und alle anderen Kanten schleifen, ohne sie zu verrunden.

16. Nuten in Motivtafeln und Trennwände schneiden.
Die Stärke der Querschienen auf die Unterkante einer Tafel übertragen. Mit diesen Maßen die Tischkreissäge so einrichten, dass Sie flache, 3 mm tiefe Nuten in alle Tafeln sägen können. Diese flachen Nuten passen in die zuvor an den Querschienen hergestellten Nuten. Man nennt dies eine Überplattung.

17. Ein Oberflächenmittel auftragen.
Das Schöne an diesem Register ist, dass man es wegnehmen kann, wenn man es nicht benötigt. Wegen der stabilen Überplattung ist kein Leim erforderlich. Sprühen Sie auf alle Teile zum Schutz ein transparentes Oberflächenmittel auf. Arbeiten Sie in einem gut belüfteten Raum, und tragen Sie eine Atemschutzmaske gegen organische Dämpfe.

Register mit Koi-Motiv

Als Vorlagenvariante habe ich eine Abwandlung des stilisierten Koi-Motivs entworfen, das wir schon aus dem Wandschmuckprojekt „Vierteiliges Quadrat" (Seite 96) kennen. Ich habe den Fisch einfach etwas gestreckt und einige sich wiegende Schilfgrashalme ergänzt, die dem Motiv Tiefe und etwas Bewegung geben.

Register mit Koi-Motiv

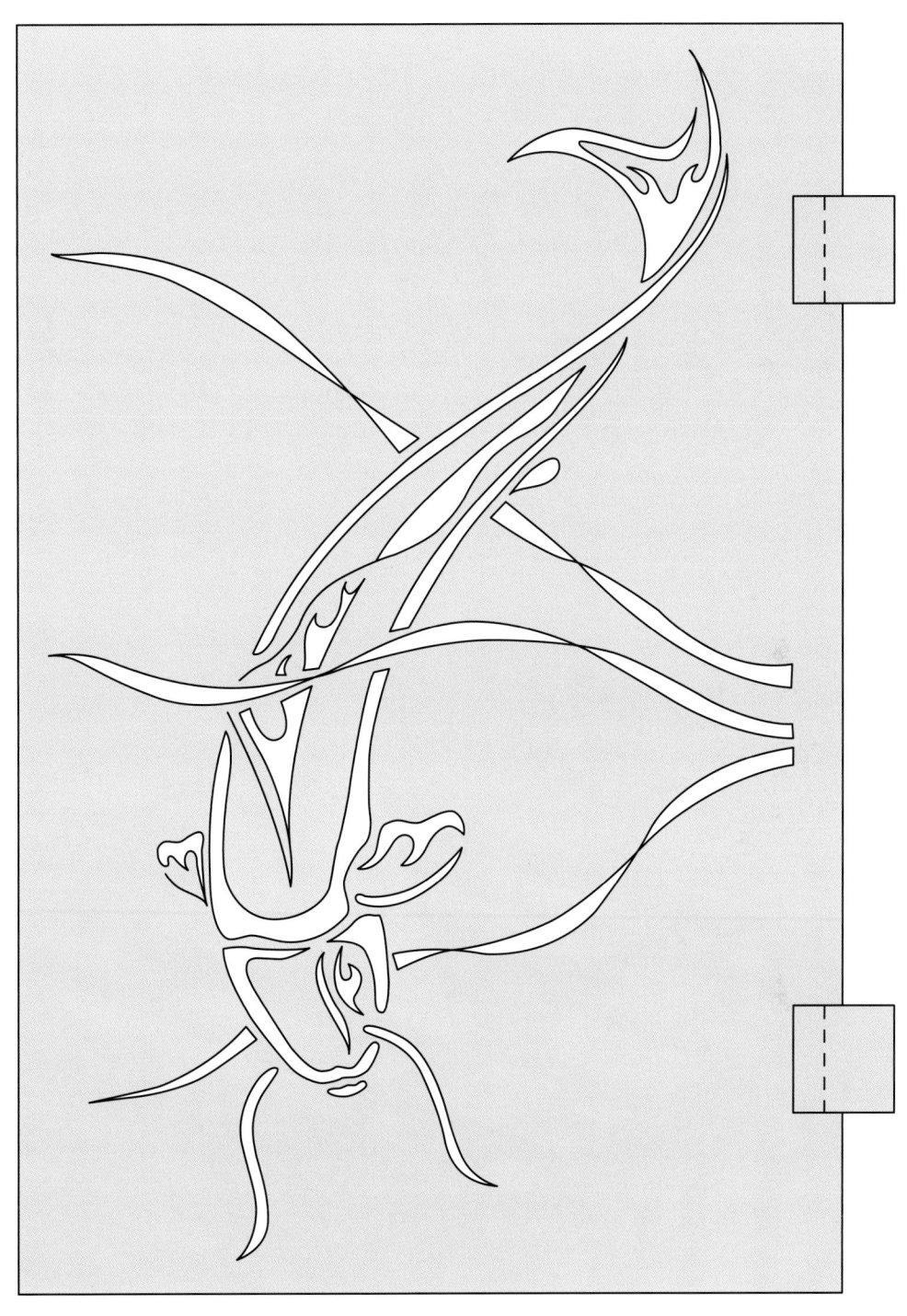

Vorlage für das Register: Koi-Motiv
Vorlage auf 125 % vergrößern

Querschiene

Kosmetiktücherbox

WERKZEUG UND MATERIAL

- Tischkreissäge
- Ständerbohrmaschine
- Bohrer (unterschiedliche Durchmesser)
- Sägeblätter Nr. 2 und Nr. 5 (mit Gegenzähnen)
- Holzleim
- Weißleim
- Leimpinsel
- Leimroller
- Sprühkleber
- Schleifpapier (verschiedene Körnungen)
- Schleifklotz
- Schraubzwingen
- Doppelseitiges Klebeband
- Transparentes Paketklebeband
- Malerkreppband
- Pigment- oder Farbstoffbeize (nach Wahl)
- Flaches Gefäß
- Oberflächenmittel nach Wahl
- Abfallholz als Hintergrundmaterial
- Filzstift, fein
- Anti-Rutsch-Punkte oder Filzpuffer (nach Wahl)

In jedem Büro braucht man eine Schachtel mit Papiertüchern. Selbst während ich dieses hier schreibe, beobachte ich mich dabei, wie ich alle 5 Minuten nach einem Papiertuch greife. Zwar liebe ich meine Katzen, doch meine Nase sieht das anders. Ich wollte die meist unattraktive Pappschachtel, in der man die Papiertücher zu kaufen bekommt, verstecken. Zum Schluss hatte ich ein Design gefunden, das m. E. in jede Umgebung passt – sei es ein traditioneller oder ein moderner Stil. Die Vorlage ist eine Abwandlung des kubischen Designs, das im Fotorahmenprojekt (Seite 62) verwendet wurde. Die Vielseitigkeit dieser Designs ermöglicht es Ihnen, ein fabelhaftes Set von zueinander passenden Homedeko-Artikeln herzustellen. Der Behälter ist für eine normale Tücherbox gemacht. Sollten Sie die größeren Schachteln bevorzugen, passen Sie Größe und Mustervorlage einfach an. Die Tücherbox besteht aus zwei vormontierten Teilen: der Innenbox und der äußeren Hülle. Beide Teile haben einfache Holzverbindungen mit Gehrungsfugen, die auf der Tischkreissäge gesägt werden. Die äußere Hülle wird vor der Montage und der Befestigung auf der Innenbox gebeizt. Noch nie waren verschnupfte Tage so schön!

Schnittliste

	Teil Nr.	Anzahl	Bezeichnung	Maße	Material
Innenbox	1	1	Oberteil	6 mm x 127 mm x 241 mm	Sperrholz
	2	2	Seitenteile	6 mm x 79 mm x 241 mm	Sperrholz
	3	2	Enden	6 mm x 79 mm x 133 mm	Sperrholz
Äußere Hülle	4	1	Oberteil	3 mm x 133 mm x 241 mm	Sperrholz
	5	2	Seitenteile	6 mm x 83 mm x 248 mm	Sperrholz
	6	2	Enden	6 mm x 83 mm x 140 mm	Sperrholz

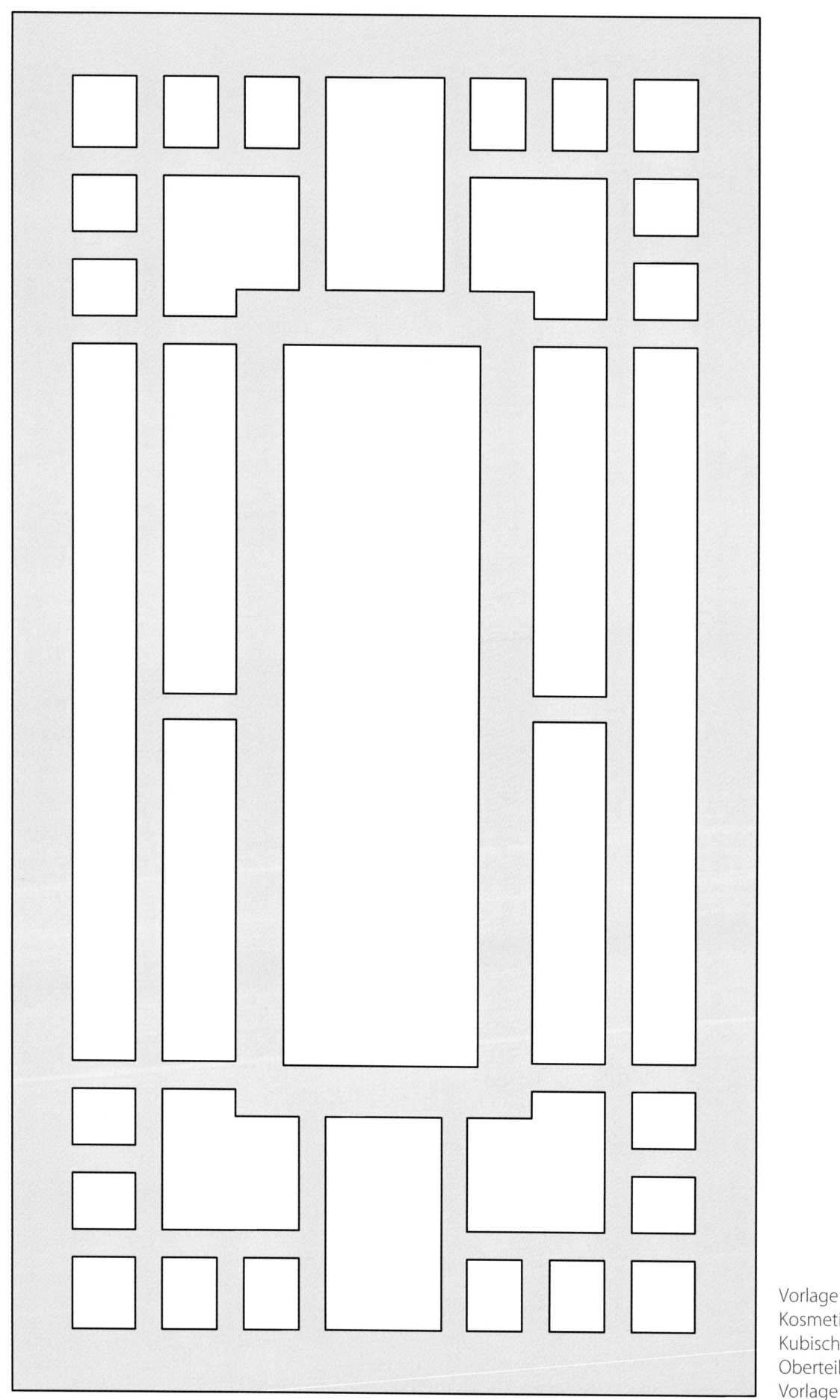

Vorlage für die
Kosmetiktücherbox:
Kubisch,
Oberteil, Nr. 4
Vorlage 1:1

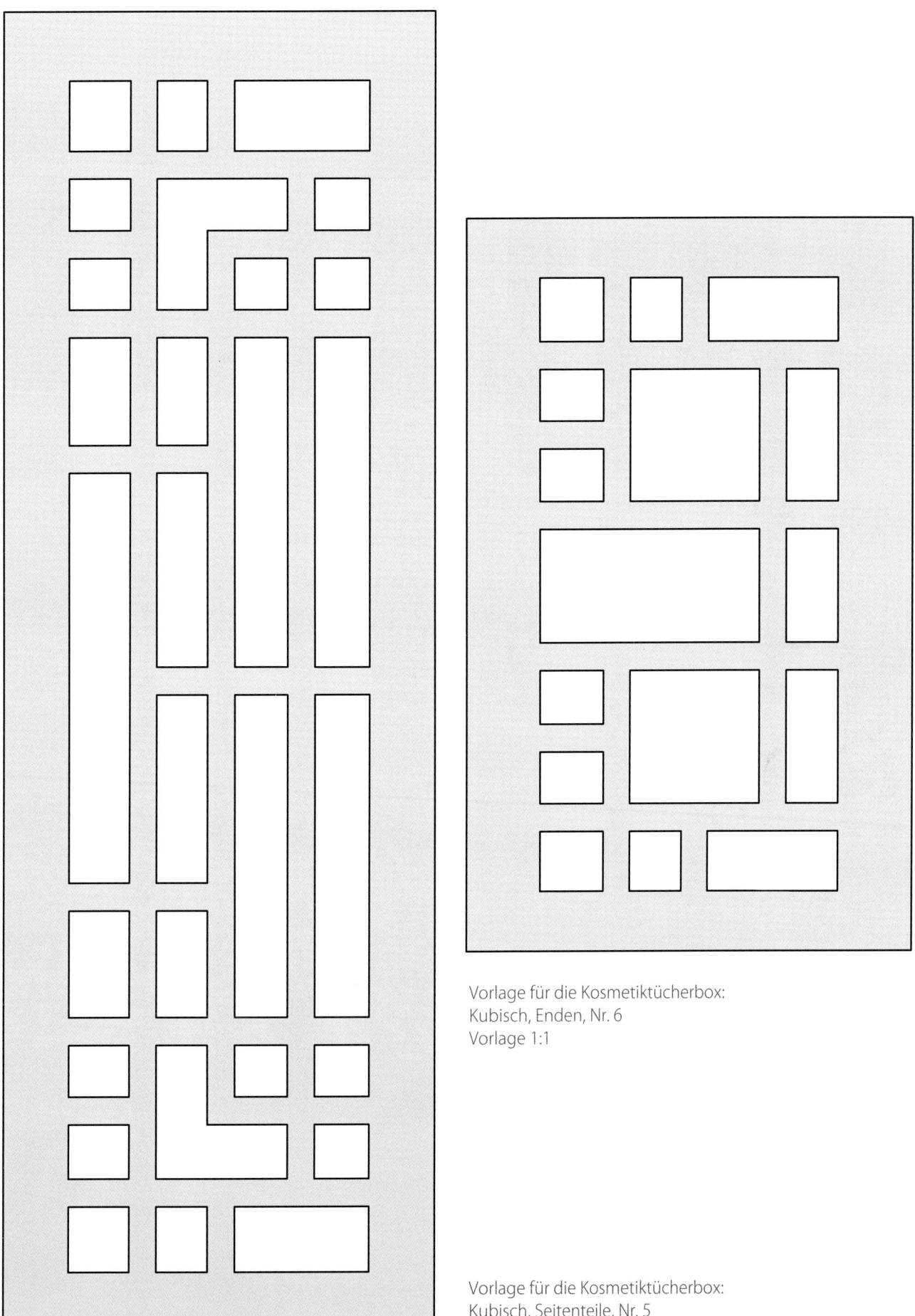

Vorlage für die Kosmetiktücherbox:
Kubisch, Enden, Nr. 6
Vorlage 1:1

Vorlage für die Kosmetiktücherbox:
Kubisch, Seitenteile, Nr. 5
Vorlage 1:1

Kosmetiktücherbox Kubisch Schritt-für-Schritt-Anleitung

1. Das Material vorbereiten.
Die Seitenteile und Enden auf der Tischkreissäge mit dem auf 90° zum Sägetisch eingestellten Sägeblatt auf Fertigbreite sägen. Das Sägeblatt auf 45° kippen und die Seitenteile und Enden der Innenbox gehren. Damit gleiche Teile genau gleich lang werden, einen Anschlagklotz benutzen. Bei den Teilen der äußeren Hülle etwas Aufmaß belassen, damit sie später mit einer Gehrung versehen werden können.

2. Alle Teile nummerieren.
Jedes Teil nach dem Zuschnitt gleich nummerieren, damit Sie den Überblick behalten. Die Schnittliste sollte immer griffbereit liegen, um bei Bedarf nachschauen zu können.

3. Die Teile der Innenbox verleimen.
Ehe Sie Leim auftragen, stets zur Überprüfung der Passung alle Teile mit Schraubzwingen probemontieren. Sind Sie zufrieden, mit dem Leimpinsel Holzleim auf alle Gehrungen auftragen und festspannen. Vergessen Sie nicht, das Werkstück auf Rechtwinkligkeit zu prüfen.

4. Die äußere Hülle vorbereiten.
Nach dem Verleimen der Innenbox sägt man die Gehrungen an den Enden und Seiten der äußeren Hülle. Zunächst eine Seite eines Endstücks und eines Seitenteils gehren. Das Endstück an die Innenbox spannen, dabei die Innenkante der Gehrung an der Ecke ausrichten. Dann die Gehrung des Seitenteils gegen die Gehrung des Endstücks halten oder verspannen und die Länge der Innenbox auf dem Seitenteil anreißen. Diese Markierung mit dem Sägeblatt ausrichten, wenn das Seitenteil auf Gehrung und Fertiglänge gesägt wird. Bei den Endstücken in der gleichen Weise verfahren.

5. Die Oberteile ausmessen.
Die Teile der Außenhülle mit transparentem Paketklebeband provisorisch an der Innenbox befestigen, wodurch automatisch eine Nut entsteht. Sie können nun die exakte Breite und Länge der Öffnung messen, um das Oberteil vorzubereiten.

6. Die Teile der äußeren Hülle stapeln.
Mit der Vorrichtung zum Ausrichten im rechten Winkel zunächst die beiden Enden, dann die Seitenteile stapeln, wobei die Gehrungen nach unten zeigen müssen. Zuvor die Papiervorlagen auf das richtige Maß schneiden und auf ihren jeweiligen Teilen fixieren. Am Oberteil der äußeren Hülle ein Hintergrundteil aus Abfallholz befestigen.

7. Die Einfädellöcher für die Sägeblätter bohren.
Sind alle zueinander gehörenden Teile gestapelt, können Sie mit der Ständerbohrmaschine die Löcher zum Einfädeln der Sägeblätter bohren. Die Löcher möglichst nahe an einer Ecke oder Linie bohren.

8. Die Vorlagen der Seiten und Enden aussägen.
Um bei einer rechteckigen Kontur schöne scharfkantige Innenecken zu erzielen, müssen wir beim Feinschnittsägen zunächst die Ecken rund aussägen. Ich habe das hier zur Verdeutlichung etwas übertrieben. Wenn Sie die Ecken sägen, muss es nicht so extrem sein. Zum Fertigsägen fahren Sie mit dem Sägeblatt einfach zurück und sägen jede Ecke rechtwinklig.

Kapitel 5: Büroaccessoires

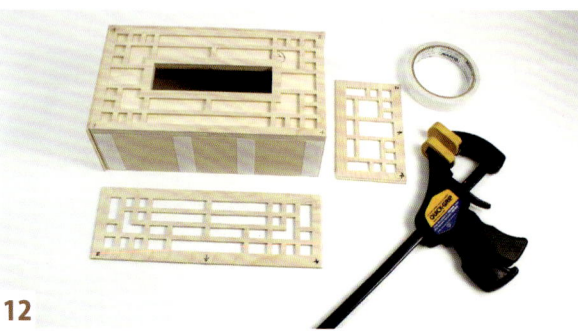

9. Die Vorlage auf dem Oberteil aussägen.
In der gleichen Weise die Vorlage auf dem Oberteil aussägen. Die mittige Öffnung erst später aussägen.

10. Die Oberteile miteinander verbinden.
Mithilfe der Vorrichtung zum Ausrichten im rechten Winkel das obere Motivteil provisorisch auf dem Oberteil der Innenbox befestigen. Zur Erleichterung des späteren Zusammenbaus zueinander gehörige Ecken kennzeichnen.

11. Die mittige Öffnung aussägen.
In einer Ecke der Öffnung ein Loch zum Einfädeln des Sägeblatts bohren. Mit einem Sägeblatt Nr. 5 mit Gegenzähnen oder einem gröberen Blatt die Öffnung aussägen. Danach die Teile noch nicht voneinander trennen.

12. Alle Teile provisorisch montieren.
Alle Teile mit doppelseitigem Klebeband provisorisch montieren. Mit Spannzwingen fest zusammendrücken, damit sie gut aneinander haften.

13. Alle Teile bündig schleifen.
Mit Schleifklotz und Schleifpapier in unterschiedlichen Körnungen alle Teile bündig schleifen. Die Bodenkanten schleifen Sie auf dem Schleifbrett mit einem kompletten Bogen Schleifpapier bündig. Alle Kanten mit Schleifpapier Korn 220 brechen.

Kosmetiktücherbox

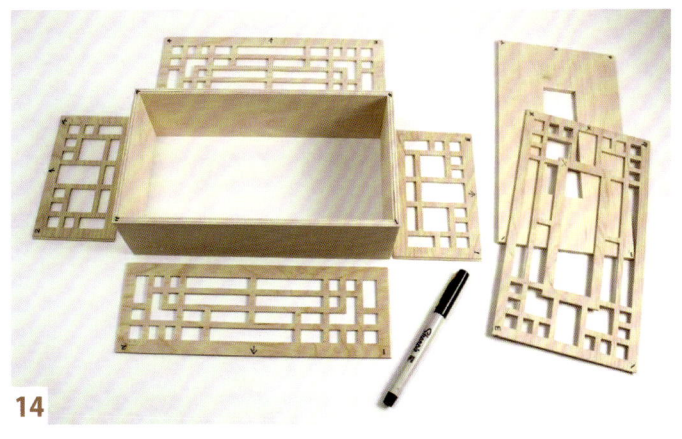
14

15

14. Alle Teile kennzeichnen.
Danach alle Teile voneinander trennen und alle zueinander gehörenden Teile mit einem feinen Filzstift kennzeichnen. Markieren Sie mit einem Pfeil, wo bei den Motivteilen oben ist. Auf den Oberteilen die Innenflächen, die später miteinander verleimt werden, mit einem X kennzeichnen.

15. Die Motivteile beizen.
Ein flaches Gefäß mit der gewünschten Beize füllen. Die sauberen Motivteile hineintunken. Alle Teile auf einem aus Zahnstochern und einem Korkbrett selbst gemachten Trockengestell an der Luft trocknen lassen.

16. Die Enden miteinander verkleben.
Ist die Beize trocken, alle gegehrten Enden mit transparentem Paketklebeband miteinander verkleben. Um die Oberfläche vor Klebebandresten und unansehnlichem, herausquellendem Leim zu schützen, die Enden der Schmalseiten der gegehrten Teile vorher mit Malerkrepp bekleben.

17. Die beiden Werkstücke miteinander verleimen.
Mit dem Leimroller eine gleichmäßige Schicht Weißleim auf die Rückseite der Motivteile auftragen. Die verklebten Motivteile um die Innenbox legen. Gleichen Sie zueinander gehörige Ecken mittels der zuvor gemachten Markierungen ab. Das Oberteil in die Öffnung kleben. Alles gut mit Spannzwingen verspannen.

18. Ein Oberflächenmittel auftragen.
Sowie der Leim trocken ist, den Tücherbox-Behälter auf eine geeignete Unterlage stellen. Einige Schichten transparentes Oberflächenmittel aufsprühen, stets trocknen lassen und einen leichten Zwischenschliff ausführen.

Zum Schluss unter den Behälter Anti-Rutsch-Punkte oder Filzpuffer auf die Ecken kleben.

16

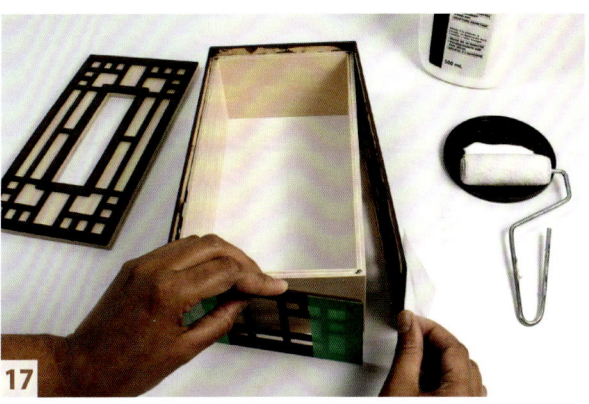
17

18

Kosmetiktücherbox Orchideenmotiv

Für dieses Projekt habe ich das Orchideen-Design, das wir schon im Fotorahmenprojekt gesehen haben, variiert. Hier habe ich die Vorlage einfach dahingehend überarbeitet, dass sie horizontal zu den Seitenteilen, zu den Enden und zur Oberseite der Kosmetiktücherbox passt.

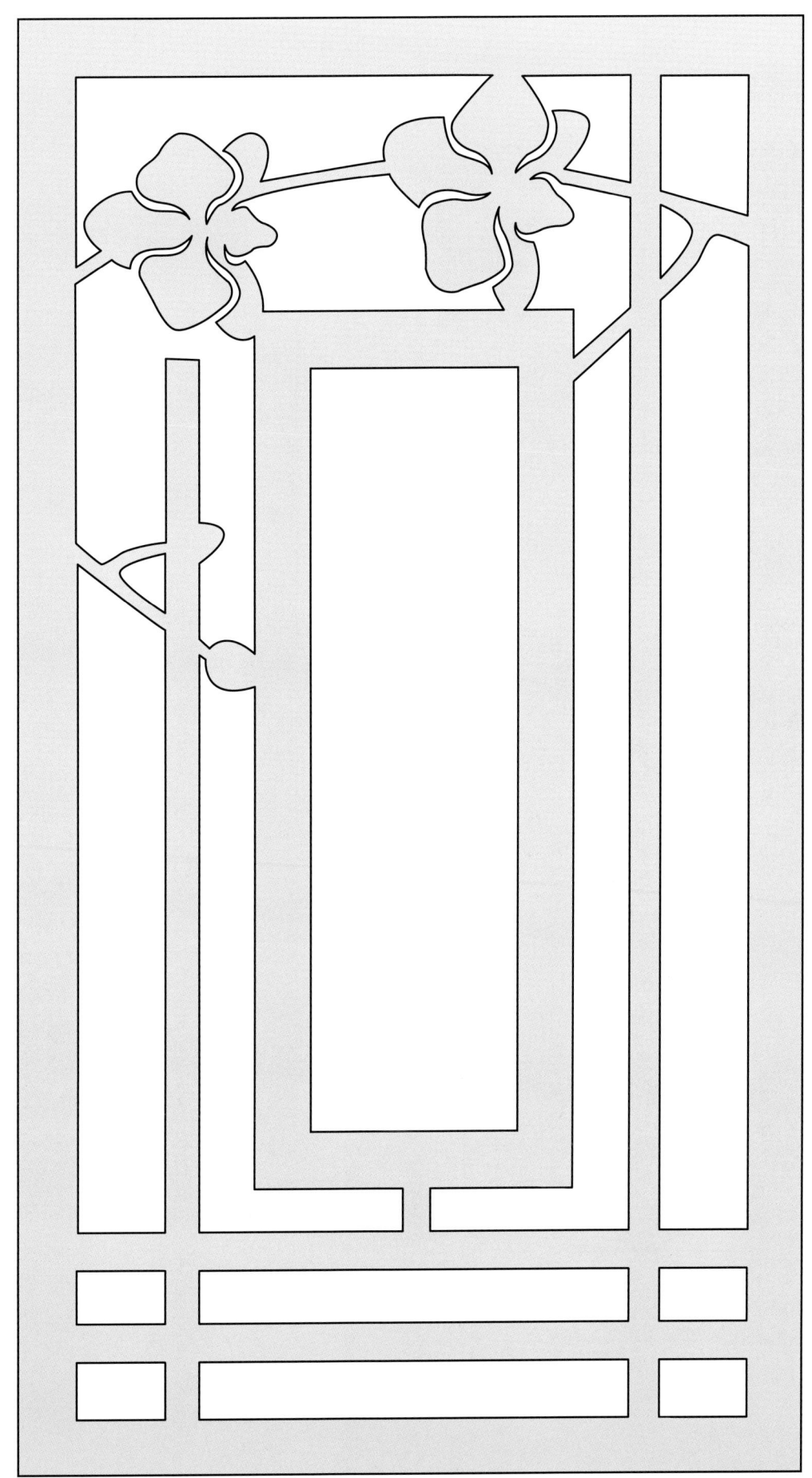

Vorlage für die
Kosmetiktücherbox:
Orchideenmotiv,
Oberteil, Nr. 4
Vorlage 1:1

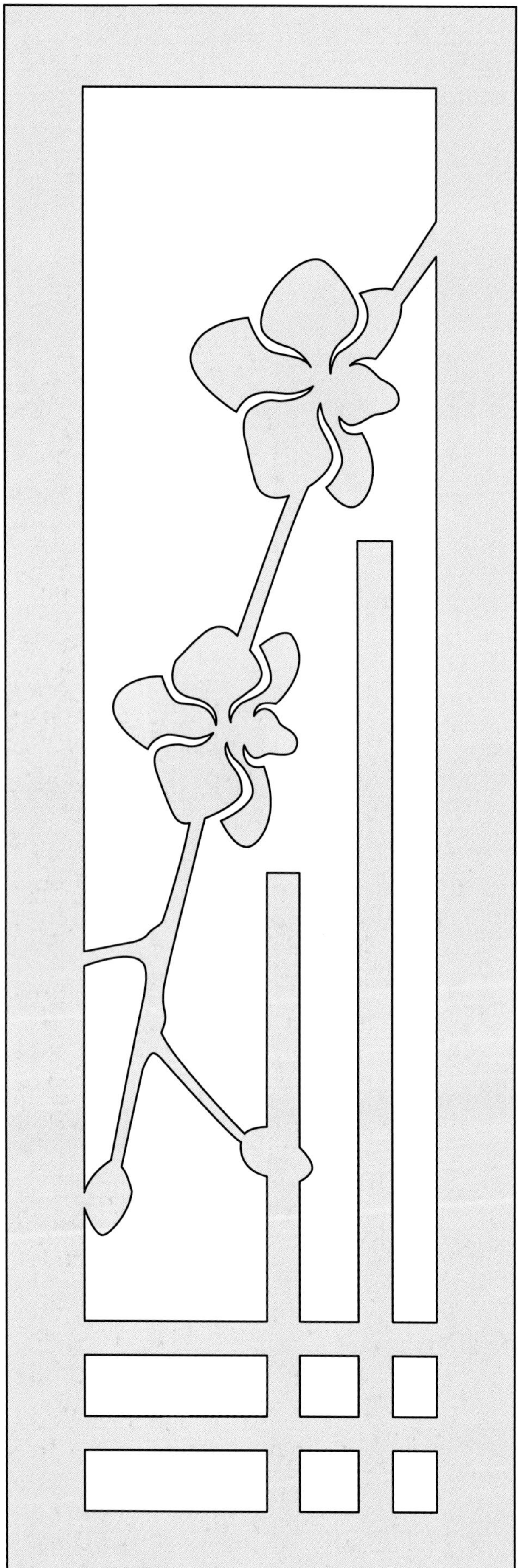

Vorlage für die Kosmetiktücherbox:
Orchideenmotiv,
Enden, Nr. 6
Vorlage 1:1

Vorlage für die Kosmetiktücherbox:
Orchideenmotiv,
Seitenteile, Nr. 5
Vorlage 1:1

Magnettafel

Das folgende Projekt stellt ein Experiment dar, in dem zwei sehr unterschiedliche Materialien kombiniert werden. Das Problem bestand darin, Holz ohne sichtbare Befestigungsmittel mit Zinkblech zu verbinden. Es kommt darauf an, für diese Aufgabe den richtigen Kleber zu verwenden. Ich habe zwei Arten von Klebern benutzt, auf die ich in der Anleitung detaillierter eingehen werde.

Als Materialien habe ich Flugzeugsperrholz aus finnischer Birke verwendet, auf das ich bereits im Lesezeichenprojekt eingegangen bin, sowie Zinkblech, das der Tafel ihre magnetischen Eigenschaften gibt. Das gesamte Objekt besteht aus zwei einzelnen Rahmen, die zusammen aufgehängt ein sehr schönes Bild ergeben. Ich empfehle Ihnen, für die Tafel einige Seltenerdmagnete zu kaufen, die eine höhere Haftkraft bieten als normale Scheibenmagnete, die man in den meisten Kühlschrankmagneten findet. Wenn Sie dieses Objekt in Ihrem Büro aufhängen, wird es sicher willkommene Aufmerksamkeit „anziehen".

Das Motiv basiert entfernt auf einem keltischen Knoten. Ich habe das Design nur etwas auseinandergezogen, was einen Tribal-Design-Effekt erzeugt.

WERKZEUG UND MATERIAL

- Tischkreissäge
- Nutensägeblatt (nach Wunsch)
- Ständerbohrmaschine
- Bohrer, 2 mm Durchmesser
- Sägeblätter Nr. 5 (mit Gegenzähnen) oder nach Wahl
- Holzleim
- Kontaktkleber (auf Wasserbasis)
- Polyurethankleber
- Sprühkleber
- Bandspanner
- Transparentes Paketklebeband
- Kreppband
- Zinkblech
- Blechschere
- Hammer
- Gehrungssäge
- Schrauben, 3 mm Durchmesser, 13 mm lang
- Handbohrmaschine
- Bügeleisen
- Furnierband (Birke)
- Furnierrollwalze
- Leimpinsel
- Weißleim
- Leimroller
- Abbrechmesser
- Roter Filzstift, fein
- Danish Oil von Watco (oder Oberflächenmittel nach Wahl)
- Schleifpapier, Korn 150 – 220 und 400 – 600
- Papierhandtücher oder Baumwolllappen
- Bajonettaufhänger
- Sperrholzunterfütterung, 102 mm x 102 mm

Vorlage für die Magnettafel: Knotenmotiv
Vorlage auf 300 % vergrößern

Schnittliste

Teil Nr.	Anzahl	Bezeichnung	Maße	Material
1	2	Motivtafeln	2,5 mm x 305 mm x 305 mm	Finnische Birke
2	2	Zinkblechteile	0,4 mm x 298 mm x 298 mm	Metallblech
3	2	Rahmentafeln	6 mm x 298 mm x 298 mm	MDF
4	8	Rahmenseiten	10 mm x 32 mm x 305 mm	Birken-Sperrholz

Magnettafel mit Knotenmotiv Schritt-für-Schritt-Anleitung

1. Das Material vorbereiten.
Die Rahmenseiten auf der Tischkreissäge auf die richtige Breite sägen. Die Seiten unter Verwendung des Gehrungssägenzubehörs auf Fertiglänge sägen und angehren. Da alle Seiten die gleiche Länge haben, hierzu einen Anschlagklotz verwenden.

2. Alle Teile zusammenstellen.
Überprüfen Sie anhand der Schnittliste, ob Sie alle Teile zugeschnitten haben. Abgesehen von den Rahmenseitenteilen alle Teile mit etwas Aufmaß sägen – sie werden später passend geschnitten. Sie benötigen eine Blechschere, um die Metalltafeln auf Maß zu schneiden.

3. Die Rahmenseiten mit einer Nut versehen.
Die Tischkreissäge mit einem Nutensägeblatt ausstatten. An den Tischkreissägenanschlag einen Hilfsanschlag klemmen. Für eine 6 mm breite und 6 mm tiefe Nut muss der Anschlag unmittelbar gegen das Sägeblatt stoßen. Falls Sie kein Nutensägeblatt haben, sägen Sie die Nut mit Ihrem normalen Blatt. Den Anschlag bei jedem Schnitt anpassen, bis 6 mm Breite erreicht sind.

4. Die Rahmenseiten montieren.
Sind alle Nuten auf die korrekte Breite und Tiefe gesägt, mit einem Leimpinsel Holzleim auf alle Gehrungen am Rahmen auftragen. Mit einem Bandspanner oder transparentem Paketklebeband die Ecken festspannen.

5. Die Rechtwinkligkeit der Rahmen überprüfen.
Unmittelbar nach dem Verleimen der Rahmenseiten durch Messen der Diagonalen die Rechtwinkligkeit überprüfen. Sollten Sie feststellen, dass eine Diagonale länger ist als die andere, mit einer Schraubzwinge über die längere Diagonale den Rahmen in den rechten Winkel bringen.

6. Die Metalltafel vorbereiten.
Ermitteln Sie die exakte Länge und Breite der MDF-Rahmentafeln, indem Sie die Öffnung von einer Nut zur anderen messen. Auf dieses Maß die MDF-Tafeln sägen. Eine MDF-Tafel als Schablone für die Größe der Metalltafeln verwenden. Etwa dort, wo die MDF-Tafel liegen wird, Kreppband auf das Metall kleben, die MDF-Tafel darauflegen und die Schnittlinien einzeichnen.

7. Die Metalltafel schneiden.
Das Metallblech mit der Blechschere zuschneiden. Bei dieser Arbeit gute Arbeitshandschuhe tragen. Um das Metallblech verzugsfrei und sauber zu schneiden, dürfen Sie die Blechschere nicht vollständig schließen. Arbeiten Sie stets nur mit kurzen Schnitten – so erhält man eine glatte Metallkante. Versuchen Sie, an der Außenkante der Schnittlinie zu schneiden, sodass die Metalltafel etwas größer als die MDF-Tafel wird.

8. Die Metallkanten glätten.
Sie werden feststellen, dass die Metallkanten etwas wellig sind. Glätten Sie sie mit einem Hammer.

9. Die Metalltafel auf die MDF-Tafel kleben.
Die Innenseiten der Metall- und der MDF-Platte mit einem „X" kennzeichnen. Den Kontaktkleber auf Wasserbasis auf beide Flächen sprühen oder auftragen. Arbeiten Sie in einem gut belüfteten Raum. So lange warten, bis beide Flächen klebfrei sind. Zwischen die Lagen zwei Holzstreifen legen. Während des Ausrichtens des Metalls auf der MDF-Tafel zunächst den einen, dann den anderen Streifen wegnehmen. Alles mit einer Furnierrollwalze fest andrücken, bis beide Tafeln fest aneinanderhaften. Da die Metalltafel die MDF-Tafel leicht überragt, Überstehendes mit einer Feile bündig feilen.

10. Die Tafeln auf die Rahmen kleben.
Mit dem Leimpinsel etwas Holzleim innen auf die Rahmennuten auftragen. Dann die Metalltafeln in die Rahmenöffnung einsetzen und festklemmen.

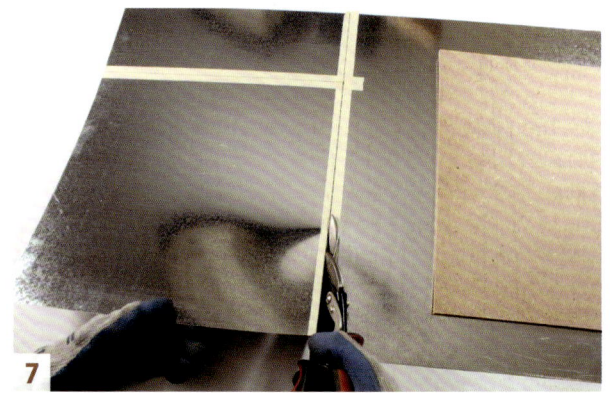

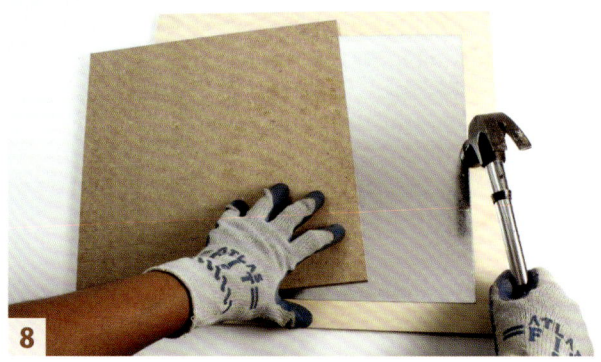

Magnettafel

11. Die Einfädellöcher für die Sägeblätter bohren.
Da es bei diesem Design ein Oben und ein Unten gibt, kann man keinen Stapelschnitt ausführen. Damit Sie Oben und Unten immer unterscheiden können, die Teile kennzeichnen. Jede Tafel mit Kreppband auf einem Hintergrundteil aus Abfallholz fixieren. Mit der Ständerbohrmaschine und einem 2-mm-Bohrer die Löcher zum Einfädeln der Sägeblätter bohren. Etwaige Grate auf der Rückseite wegschleifen.

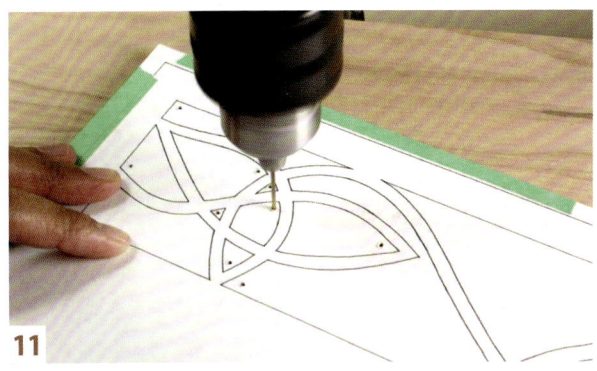

12. Die Vorlage aussägen.
Die Vorlage mit einem Sägeblatt Nr. 5 mit Gegenzähnen aussägen. Zunächst die kleineren Aussparungen aussägen und die größeren zurückstellen. Damit die Ecken scharfkantig werden, sägt man sie zunächst abgerundet aus, fährt zurück und sägt dann bis in die Spitze.

13. Die Außenkontur der Vorlage aussägen.
Da die Linien der Vorlagen eher Orientierungslinien darstellen, ist es am besten, wenn man die Größe des Motivteils nun anpasst. Übertragen Sie die Außenkontur des Rahmenteils mit einem feinen roten Filzstift auf das Motivteil. Die Außenkontur mit Lineal und Abbrechmesser ausschneiden.

14. Die Motivtafel auf den Rahmen kleben.
Mit einem dünnen Stückchen Restholz oder Hartplastik eine dünne Schicht Polyurethankleber (oder einen anderen zum Verkleben von Holz und Metall geeigneten Kleber) auf der Rückseite der Motivteile verteilen. Da dieser Kleber unter Einwirkung von Feuchtigkeit aushärtet, sprühen Sie etwas Wasser auf das Metall, ehe Sie die Teile zusammenspannen.

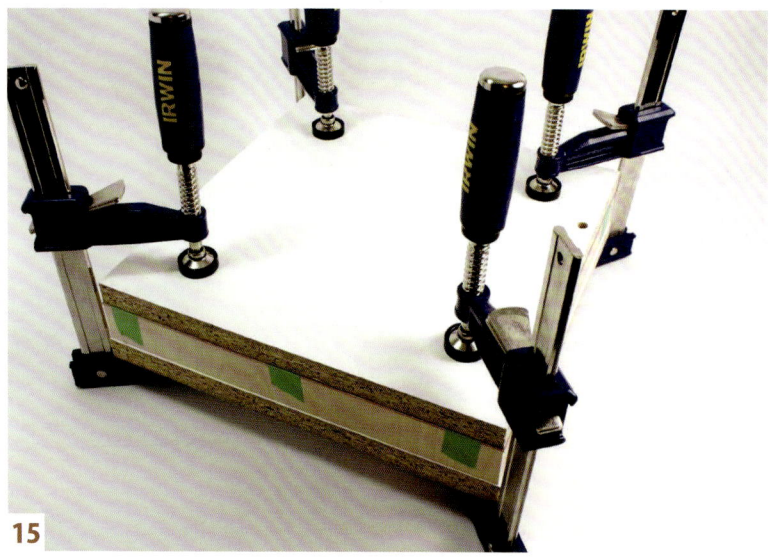

15. Das Werkstück festspannen.
Das Motivteil mithilfe zweier Spannklötze, eigentlich 19 mm starke Holzreste, sorgfältig auf den Rahmen spannen. Zuvor das Ganze mit Kreppband verkleben, damit die Ausrichtung von Motivteil und Rahmen während des Festspannens nicht verändert wird. Ist der Kleber trocken, die Papiervorlage entfernen und die gesamte Magnettafel glatt schleifen.

16. Den Bajonettaufhänger montieren.
Sie benötigen eine mit der Rahmenkante bündig abschließende Unterfütterung. Meine Unterfütterungen sind ca. 100 mm x 100 mm groß. Ermitteln Sie die Mitte der Rahmenoberkante sowie die der Oberkante der Unterfütterung. Die beiden Mittenlinien miteinander ausrichten und die Unterfütterung in den Rahmen kleben. Die Aufhängerkontur mittig anreißen (weitere Einzelheiten siehe Mehrlagiger Wandschmuck, Seite 126). Zum Bohren der passenden Aussparungen benötigen Sie einen 16-mm- und einen 10-mm-Forstnerbohrer.

17. Ein Oberflächenmittel auftragen.
Einige Schichten Oberflächenmittel auf die fertige Magnettafel auftragen. Die erste Schicht mit einem Lappen und alle weiteren Schichten mit Nass-Trocken-Schleifpapier Korn 400 bis 600 auftragen. Nun wird die Magnettafel mit Sicherheit die Aufmerksamkeit auf sich ziehen!

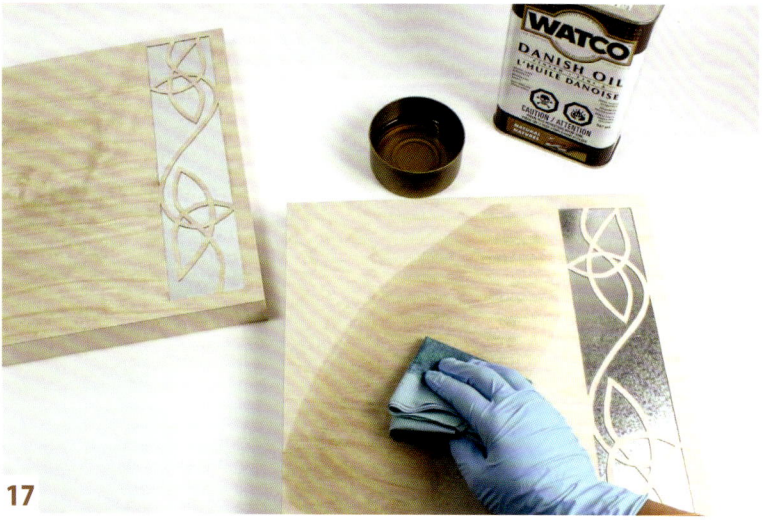

Magnettafel mit Kirschblütenmotiv

Die Vorlagenvariante für dieses Projekt ist eine grazile Kirschblütensilhouette. Die Kirschblüte hat in verschiedenen Kulturen vielfältige symbolische Bedeutungen. Dazu gehören Liebe, Kraft und – da sie nur für kurze Zeit erblüht – auch die Vergänglichkeit des Lebens. Ich habe das Kirschblütenmotiv zwischen den beiden Magnettafeln aufgeteilt. Kombiniert man beide Teile, ergibt sich ein dynamisches Gesamtbild.

Kapitel 5: Büroaccessoires

Vorlage für die Magnettafel:
Kirschblütenmotiv
Vorlage auf 300 % vergrößern

ANHANG

Sie werden bemerkt haben, dass ich immer wieder verschiedene Vorrichtungen verwendet habe, die für die effiziente Projektbearbeitung von Nutzen waren. In diesem Kapitel zeige ich Ihnen Schritt für Schritt, wie man diese einfachen, aber nützlichen Vorrichtungen baut. Den Anfang macht eine ganz simple, überaus brauchbare Kantenschleifvorrichtung, die den Schleifprozess weniger mühsam macht. Da der Erfolg der meisten Projekte von der Genauigkeit abhängt, zeige ich darüber hinaus – ebenfalls Schritt für Schritt – eine äußerst nützliche Vorrichtung zur Ausrichtung im rechten Winkel, mit der Sie die Teile präzise stapeln können. Damit Ihre Gehrungskanten schön und stabil werden, zeige ich Ihnen, wie man eine unkomplizierte Vorrichtung für die Tischkreissäge zum Sägen von Keilschlitzen baut. Sämtliche Vorrichtungen werden sich als nützliche Ergänzungen Ihrer Werkstattausrüstung erweisen. Ferner habe ich die anderen 11 Motive aus dem chinesischen Tierkreis als Mustervorlagen für das Lesezeichenprojekt von Seite 40 ergänzt.

Die Kantenschleifvorrichtung.

Die Vorrichtung zum Ausrichten im rechten Winkel.

Die Schlitzschneidevorrichtung für die Tischkreissäge.

Kantenschleifvorrichtung

Diese Vorrichtung ist entstanden, weil ich ein einfaches und präzises Hilfsmittel benötigte, das mir das Schleifen von Ecken und Kanten erleichterte, ohne die Rechtwinkligkeit zu gefährden. Sie müssen jedoch darauf achten, dass alle Teile der Vorrichtung rechtwinklig und genau sind. Ein Schlosserwinkel, allgemein auch als Flachwinkel bekannt, ist ein exzellentes Präzisionswerkzeug, das Sie dabei auf den richtigen Weg bringen wird.

WERKZEUG UND MATERIAL

- Tischkreissäge
- Handbohrmaschine
- Bohrer und Senker
- Holzschrauben, 3,5 mm Durchmesser, 6 mm lang
- Doppelseitiges Klebeband
- Flachwinkel
- Sprühkleber
- Schleifpapier (Körnung nach Wahl)
- Spannzwingen

Schnittliste

Teil Nr.	Anzahl	Bezeichnung	Maße	Material
1	1	Bodenplatte	16 mm x 165 mm x 305 mm	Sperrholz/MDF
2	1	Schleifkante	16 mm x 64 mm x 305 mm	Sperrholz/MDF

Kantenschleifvorrichtung Schritt-für-Schritt-Anleitung

1. Das Material vorbereiten.
Mit der Tischkreissäge die Teile auf die genaue Länge und Breite zusägen. Damit die Bodenplatte und die Schleifkante gleich lang werden, arbeitet man mit einem Anschlagklotz am Gehrungsanschlag der Tischkreissäge. Achten Sie darauf, dass alle Teile rechtwinklige Ecken, Kanten und Enden bekommen. Mit dem Flachwinkel auf Rechtwinkligkeit prüfen.

2. Die Bodenplattenkante anfasen.
Da die Bodenplatte stumpf an die Schleifkante stößt und es sehr wahrscheinlich ist, dass sich die Ecke mit Schleifstaub zusetzt, müssen Sie die obere innenliegende Kante der Bodenplatte anfasen. Nun brauchen Sie die Kehle nur gelegentlich auszubürsten.

3. Löcher in die Schleifkante bohren.
Die Stärke der Bodenplatte auf die Außenseite der Schleifkante übertragen. Auf deren Mittenlinie vier Löcher mit gleichem Abstand zueinander anreißen, bohren und ansenken. Ein Stück Abfallholz unterlegen, damit an der Schleifkante das Holz nicht ausreißt.

1

2

3

Anhang

4

5

4. Doppelseitiges Klebeband auf die Schleifkante kleben.
Damit die Teile beim Verschrauben nicht verrutschen, einige Streifen doppelseitiges Klebeband innen auf die Schleifkante kleben. Das Klebeband darf allerdings nicht über die Oberkante der Bodenplatte hinausragen. Die Teile miteinander ausrichten und zusammendrücken, den Anpressdruck mit Schraubzwingen verstärken. Die Zwingen gleich wieder lösen.

5. Die Schleifkante an der Bodenplatte befestigen.
Mit einem geeigneten Bohrer Führungslöcher durch die vorgebohrten Löcher bohren. Damit die Teile im rechten Winkel miteinander verbunden werden, einen Flachwinkel anlegen und diesen auch während des Einschraubens der Schrauben in die Bodenplatte dort belassen.

6. Schleifpapier zuschneiden und an die Vorrichtung kleben.
Einen Streifen Schleifpapier in der gewünschten Körnung zuschneiden. Die Rückseite mit Sprühkleber besprühen und die Streifenunterkante in der durch die Anfasung erzeugten Kehle ansetzen und festdrücken. Wollen Sie einen verbrauchten Schleifpapierstreifen austauschen, ziehen Sie den alten einfach ab und kleben einen neuen ein.

6

Vorrichtung zum Ausrichten im rechten Winkel

Mein Ziel war, das Mutmaßen beim Ausrichten von Teilen während des Stapelns zu beenden. Und weil Genauigkeit für die meisten Projekte entscheidend ist, habe ich mir eine einfache und dabei sehr effektive Vorrichtung zum Ausrichten im rechten Winkel einfallen lassen. Sie ist ganz leicht zu bauen und man benötigt nur einige Restholzstücke. Achten Sie jedoch darauf, dass die Teile rechtwinklig und genau sind.

WERKZEUG UND MATERIAL

- Tischkreissäge
- Handbohrmaschine
- Bohrer und Senker
- Holzschrauben, 3,5 mm Durchmesser, 32 mm lang
- Doppelseitiges Klebeband
- Winkelmesser
- Schleifpapier oder Kantenschleifvorrichtung
- Spannzwingen

Schnittliste

Teil Nr.	Anzahl	Bezeichnung	Maße	Material
1	1	Bodenplatte	16 mm x 254 mm x 305 mm	Sperrholz/MDF
2	1	vertikaler Streifen	19 mm x 51 mm x 216 mm	Sperrholz/MDF
3	1	horizontaler Streifen	19 mm x 51 mm x 178 mm	Sperrholz/MDF

Vorrichtung zum Ausrichten im rechten Winkel
Schritt-für-Schritt-Anleitung

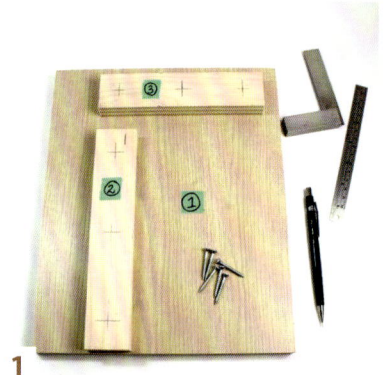
1

2

3

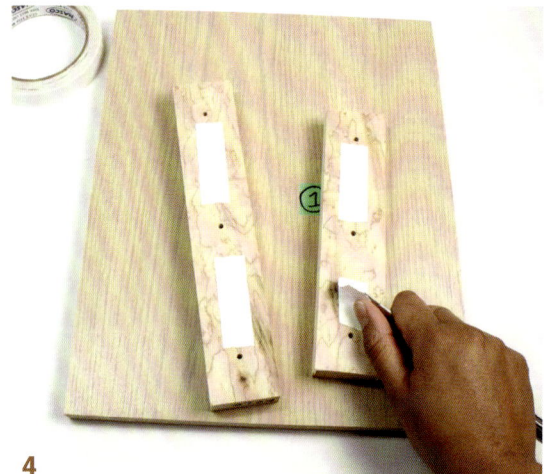
4

5

1. Das Material vorbereiten.
Die Teile mit der Tischkreissäge zuschneiden, dabei den horizontalen Streifen kürzer als den vertikalen Streifen sägen. Für die 32 mm langen Schrauben mit 3,5 mm Durchmesser mittig und mit gleichmäßigen Abständen zueinander auf beiden Streifen die Schraublöcher anreißen. Erst später verschrauben.

2. Löcher in die Streifen bohren.
Zum Bohren der Senkbohrungen können Sie ein Bohrer-Schnellwechselsystem verwenden. Der Vorteil eines solchen Systems liegt darin, dass man ganz einfach durch Drehen des Schnellwechseleinsatzes im Aufnahmefutter um 180° zwischen einem Bohreinsatz und einem Schraubendrehereinsatz wechseln kann.

3. Die Ecke des vertikalen Streifens anfasen.
Mit unserer neuen Kantenschleifvorrichtung die innenliegende Ecke des vertikalen Streifens anfasen. Die Fase verhindert, dass kleine Späne in der Ecke die Lage des Werkstückes verschieben.

4. Doppelseitiges Klebeband auf die Kantenstreifen kleben.
Wie bereits beim Projekt „Kantenschleifvorrichtung" gezeigt, einige Streifen doppelseitiges Klebeband unter beide Streifen kleben. Das Klebeband sorgt dafür, dass die Teile beim Verschrauben mit der Bodenplatte nicht verrutschen.

5. Die Streifen an die Bodenplatte schrauben.
Den horizontalen Streifen im Abstand von ca. 25 mm von der rechten Bodenkante bündig auf die Bodenoberkante legen. Den vertikalen Streifen an die Unterkante des horizontalen Streifens legen. Die Teile mit einem Winkelmesser im rechten Winkel positionieren und andrücken. Den Druck mit Schraubzwingen verstärken. Während des Bohrens der Führungslöcher den Winkelmesser belassen. Alles verschrauben.

Schlitzschneidevorrichtung für die Tischkreissäge

Mit dieser einfachen Vorrichtung für die Tischkreissäge erzielt man schöne Ergebnisse. Sie hilft beim Schneiden von Keilschlitzen, die gegehrten Ecken die erforderliche Stabilität verleihen. Diese Art der Holzverbindung verwende ich am liebsten, und zwar nicht nur wegen ihrer Stabilität, sondern auch wegen der schönen Optik. Eine Rahmen- oder eine Schachtelecke hat noch nie so gut ausgesehen!

WERKZEUG UND MATERIAL

- Tischkreissäge
- Gehrungssäge
- Druckluftnagler mit Nägeln (nach Wunsch)
- Spannzwingen
- Holzleim
- Winkelmesser
- Handbohrmaschine
- Bohrer und Senker
- Holzschrauben, 3,5 mm Durchmesser, 32 mm lang
- Schleifpapier

Schnittliste

Teil Nr.	Anzahl	Bezeichnung	Maße	Material
1	1	Bodenplatte	19 mm x 216 mm x 318 mm	Sperrholz/MDF
2	2	Winkelstreifen	19 mm x 76 mm x 216 mm	Sperrholz/MDF

Schlitzschneidevorrichtung für die Tischkreissäge
Schritt-für-Schritt-Anleitung

1. Das Material vorbereiten.
Die Teile mit der Tischkreissäge auf die endgültige Länge und Breite zusägen. Mit einem Anschlagklotz am Gehrungsanschlag der Tischkreissäge arbeiten. Alle Teile müssen schöne rechtwinklige Ecken, Kanten und Enden haben. Die Rechtwinkligkeit mit einem Winkelmesser überprüfen.

2. Die Winkelstreifen gehren.
Das untere Ende jeden Streifens gehren. Das ist mit einem auf 45° gekippten Sägeblatt auf der Tischkreissäge möglich, mit einer Gehrungssäge geht es jedoch bequemer.

3. Die Kontur des ersten Streifens anreißen.
Den ersten Streifen ca. 57 mm unterhalb der Plattenoberkante platzieren. Die Mitte der Bodenplatte ermitteln und den ersten Streifen mit der Gehrung bündig zur Plattenunterkante platzieren. Ein rechteckiger Klotz hilft dabei, dass die Teile wirklich bündig liegen. Den Streifen festhalten und seine Außenkontur auf der Platte anreißen.

4. Den ersten Streifen festkleben.
Innerhalb der Anrisslinien eine Kleblinie Holzleim auftragen. Den Streifen erneut platzieren und mit Schraubzwingen festspannen. Zur Beschleunigung können Sie einige Drahtstifte von der Rückseite aus mit einem Druckluftnagler einschießen. Das Teil mit Schnellspannzwingen festspannen.

5. Den zweiten Streifen anreißen.
Ist der Leim am ersten Streifen trocken, den zweiten Streifen mit dem Winkelmesser ausrichten. Die Gehrung muss mit der Plattenunterkante bündig verlaufen. Festhalten und die Außenkontur anreißen.

6. Den zweiten Streifen festkleben.
Zwischen den Anrisslinien eine Kleblinie Holzleim für den zweiten Streifen auftragen. Den Streifen darauf drücken und hin und her bewegen, damit sich etwas Leim darauf verteilt. Wieder mit dem Winkelmesser in die richtige Position bringen und festspannen. Prüfen Sie, ob die Streifen rechtwinklig zur Platte liegen.

7. Die Streifenkontur auf der Rückseite anreißen.
Ist der Leim trocken, mit dem Winkelmesser die Streifenkonturen auf die Plattenrückseite übertragen. Diese Linien zeigen beim Anschrauben der Bodenplatte die genaue Position der Streifen an.

8. Bodenplatte und Winkelstreifen verschrauben.
Mit der Handbohrmaschine mittig auf der Streifenkontur und mit gleichem Abstand zueinander angesenkte Löcher durch die Bodenplatte und in die Streifen bohren. Die Teile mit 32 mm langen Schrauben mit 3,5 mm Durchmesser miteinander verschrauben. Etwaige Grate an den angesenkten Löchern wegschleifen.

Anhang

Weitere Lesezeichenvorlagen

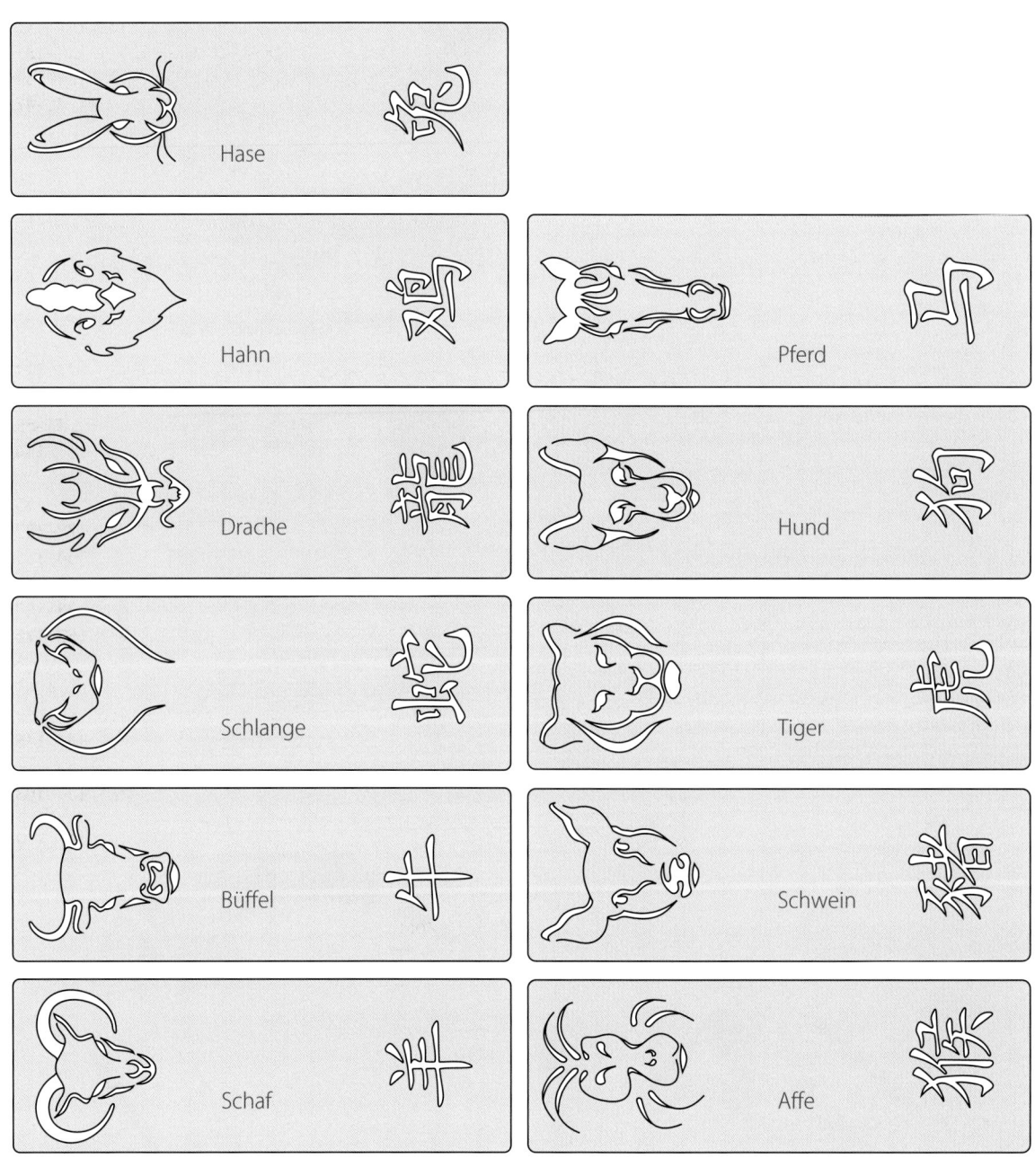

Lesezeichenvorlagen aus dem chinesischen Tierkreis
Auf 150 % vergrößern
Die Anleitung zu diesem Projekt finden Sie auf den Seiten 40 – 43.

Stichwortverzeichnis

Fett gedruckte Zahlen verweisen auf Projekte

A
Acryl, 18
Akzentleuchten, **82, 83–91**
Anhänger, **25, 26–30**
Asiatische Designs, Projektliste, 9
Atemschutz, 12
Augenschutz, 12
Ausrichten im rechten Winkel, 189–190

B
Bambusmotiv, Schlüsselkasten, **80–81**
    Siehe auch Drachenmotiv, Schlüsselkasten
Bienenmotiv, Untersetzer, 49, **50–52**
Bilderdraht befestigen, 137
Blattmotiv, Wandtattoo, **112, 113–117**
Botanische Designs, Projektliste, 9
Buddhamotiv, Wandtattoo, **118–119**
    Siehe auch Blattmotiv, Wandtattoo
Büroaccessoires
    Überblick, 140
    Kosmetiktücherbox, **166, 167–176**
    Magnettafeln, **177, 178–184**
    Register, **156, 157–165**
    Stifteboxen, **142, 143–149**
    Visitenkartenhalter, **150, 151–155**

C
Callamotiv, Stiftebox, **142, 143–149**
    Siehe auch Stifteboxen
Chinesisches Münzmotiv **104, 105–110**
Chinesische Tierkreiszeichen, Lesezeichenvorlagen, 194
Chinesisches Tierkreiszeichen Ratte, Lesezeichen, **40, 41–43**

D
Drachenmotiv, Schlüsselkasten, **72, 73–79**
Dreifachspiralenmotiv, Ohrringe, **30, 31–33**

E
Einfädellöcher für das Sägeblatt bohren, 20
Elemente-Motiv, Schlüsselanhänger, **34, 35–39**

F
Feinschnittsäge
    Überblick, 14
    Arbeitsplatz einrichten, 20
    Einfädellöcher für das Sägeblatt bohren, 22
    Feinschnitt-Sägeblätter, 16
Finnisches Birkensperrholz, 18
Fotorahmen, **54, 55–63**

G
Gehörschutz, 12
Gerahmter Wandschmuck, **130, 131–139**
Göttin des Mitgefühls, gerahmter Wandschmuck, **138–139**
Grüner Mann, gerahmter Wandschmuck, **130, 131–137**
Gürtelschnallen, **44, 45–47**

H
Holzauswahl und weitere Materialien, 17–18

I
Insektendesigns, Projektliste, 9

K
Kantenschleifvorrichtung, 186–188
Keltische Designs, Projektliste, 8
Keltisches Schildknotenmotiv, Quadrat. Teelichthalter, **70–71**
    Siehe auch Quadratischer Teelichthalter
Kirschblütenmotiv, Akzentleuchte, **82, 83–89**
Kirschblütenmotiv, Magnettafel, **183–184**
    Siehe auch Knotenmotiv, Magnettafel
Klebstoffe, 15
Knotenmotiv, Magnettafel, **177, 178–182**
Koimotiv, Register, **164–165**
    Siehe auch Kreismotiv, Register
Koimotiv, Vierteiliges Quadrat, **94, 95–100**
Kosmetiktücherbox, **166, 167–176**
Kreisdesigns, Projektliste, 8
Kreismotiv, Gürtelschnalle, **4–45**
Kreismotiv, Register, **156, 157–163**
Kreismotiv, Stiftebox, **142, 143, 145**
    Siehe auch Callamotiv, Stiftebox
Kreismotiv, Vierteiliges Quadrat, **101, 102–103**
    Siehe auch Koimotiv, Vierteiliges Quadrat
Kreisrunde Kunst, eckig präsentiert, **104, 105–111**
Kubische Designs, Projektliste, 8
Kubische Kosmetiktücherbox, **166, 167–173**
Kubischer Fotorahmen, **62–63**
    Siehe auch Orchideenmotiv, Fotorahmen
Kubisches Motiv, Quadratische Teelichthalter, **64, 65–69**

L
Längenverstellbare Schnur, 28–29
Lebensbaum, Kreisrunde Kunst, eckig präsentiert, **110–111**
    Siehe auch Chinesisches Münzmotiv
Lesezeichen, **40, 41–43**, 194
Leuchten, **82, 83–91**
Libellenmotiv, Gürtelschnalle, **44, 45–47**
Libellenmotiv, Untersetzer, **52, 53, 54**
Libellenmotiv, Visitenkartenhalter, **150, 151–152**
    Siehe auch Rosenmotiv, Visitenkartenhalter

M

Magnettafeln,	**177–184**
Massivholz,	17
Material vorbereiten,	19
Materialien,	15–16
Siehe auch Holzauswahl und weitere Materialien	
Mehrlagiger Wandschmuck,	**120, 121–129**
Münzmotiv, Kreisrunde Kunst, eckig präsentiert,	**104, 105–109**

O

Oberflächen behandeln,	21
Ösen selbst herstellen,	39
Ohrringe,	**30, 31–33**
Orchideenmotiv, Akzentleuchte,	**92–93**
Siehe auch Kirschblütenmotiv, Akzentleuchte	
Orchideenmotiv, Fotorahmen,	**54, 55–61**
Orchideenmotiv, Kosmetiktücherbox,	**174–176**
Siehe auch Kubische Kosmetiktücherbox	

P

Persönliche Accessoires	
Überblick,	22
Anhänger,	**24, 25–29**
Gürtelschnallen,	**44, 45–47**
Lesezeichen,	**40, 41–43, 194**
Ohrringe,	**30, 31–33**
Schlüsselanhänger,	**34, 35–39**
Pferdemotiv, Mehrlagiger Wandschmuck,	**120, 121–126**

Q

Quadratische Teelichthalter,	**64, 65–71**
Quan Yin, gerahmter Wandschmuck,	**138–139**
Siehe auch Grüner Mann, gerahmter Wandschmuck	

R

Rechter Winkel, Vorrichtung zum Ausrichten,	189–190
Register,	**156, 157–165**
Rosenmotiv, Visitenkartenhalter,	**150, 151–155**

S

Schleifen,	20–21
Siehe auch Kantenschleifvorrichtung	
Schleifpapier,	16
Schlitzschneidevorrichtung für die Tischkreissäge,	191–193
Schlüsselanhänger,	**34, 35–39**
Schlüsselkästen,	**72, 73–81**
Schmetterlingsmotiv, Anhänger,	**24, 25–29**
Schmetterlingsmotiv, Mehrlagiger Wandschmuck,	**127–129**
Siehe auch Pferdemotiv, Mehrlagiger Wandschmuck	
Sicherheitshinweise,	12–13
Sperrholz,	17, 18
Ständerbohrmaschine,	14
Stapelschnitt,	19
Stifteboxen,	**142, 143–149**

T

Techniken,	19–21
Teelichthalter,	**64, 65–71**
Tischkreissägen,	13
Tischkreissägenvorrichtung, Schlitzschneiden,	191–193
Triskele, keltisch, Schlüsselanhänger,	**34, 35–39**

U

Unity 2, Ohrringe,	**30, 31–33**
Unity 3, Anhänger,	**24, 25–29**
Untersetzer,	**50, 51–53**

V

Verstellbarer Knoten,	28–29
Vierteiliges Quadrat,	**94, 95–103**
Visitenkartenhalter,	**150, 151–155**
Vogelmotiv, Stiftebox,	**142, 143–144**
Siehe auch Callamotiv, Stiftebox	
Vorlagen	
Mit zwei Mustervorlagen arbeiten,	43
Vorlage vergrößern,	19
Vorrichtungen	
Überblick,	185
Ausrichten im rechten Winkel,	189–190
Kantenschleifvorrichtung,	186–188
Schlitzschneidevorrichtung für die Tischkreissäge,	191–193

W

Wanddekoration	
Überblick	92
Gerahmter Wandschmuck,	**130, 131–139**
Kreisrunde Kunst, eckig präsentiert,	**104, 105–111**
Mehrlagiger Wandschmuck,	**120, 121–129**
Vierteiliges Quadrat,	**94, 95–103**
Wandtattoos,	**112, 113–119**
Werkzeug und Ausstattung,	13–14
Werkstattbedarf,	15–16
Wohnaccessoires	
Überblick,	48
Akzentleuchten,	**82, 83–91**
Fotorahmen,	**54, 55–63**
Quadratische Teelichthalter,	**64, 65–71**
Schlüsselkästen,	**72, 73–81**
Untersetzer,	**50, 51–53**

Z

Zinkblech,	18

Schon fertig?

Hier finden Sie mehr zum Thema und weitere interessante Informationen – in Büchern von *HolzWerken*

Michael Pekovich

Wie wir Möbel bauen – und warum

Es wächst die Wertschätzung für das Handgemachte sowie auch das Verständnis für die Notwendigkeit, unser Leben mit sinnvollen und nützlichen Gegenständen zu füllen. Wie können Tischler diesem Ruf nachkommen? Mike Pekovich erklärt, was die Zeit und Mühe wert ist um die Arbeit zu machen, die die Qualität unseres Lebens erhöht. Dieses Buch liefert viele wichtige Informationen für Designer und Möbelbauer, die der Autor anschaulich erklärt, unterstützt durch viele Illustrationen. Mike Pekovich deckt in Bezug auf Vollständigkeit, Klarheit, Präsentation alles ab: über Tipps, Holzauswahl, Designüberlegungen, Arbeitsweisen bis hin zur Endbearbeitung. Eine Reihe detaillierter Projekte rundet das Buch ab.

218 Seiten, 21 x 28 cm, gebunden
Best.-Nr. 21037
ISBN 978-3-7486-0094-7
E-Book ✔ Leseprobe ✔
🌐 vinc.li/21037

Melanie Kirchlechner

Oberflächen behandeln

Grundwissen, Materialien, Techniken

Welche Lacke, Lasuren, Öle und Wachse sind wofür am besten geeignet? Holzwerker sehen sich einem Dschungel von Produkten, Bezeichnungen und Verfahren gegenüber – dieses Buch klärt auf!

Es bietet Orientierung bei irreführenden Namen und zeigt verständlich die Unterschiede der einzelnen Oberflächenmittel auf. Autorin Melanie Kirchlechner veranschaulicht mit hohem Praxisbezug und Schritt für Schritt wie edle Oberflächenbehandlung auch mit einfachen Mitteln gelingt.

Mit diesem Wissen gewappnet, ist der Weg zu perfekt veredelten Möbeln, Schnitzereien oder Drechselwerken für alle geebnet. Selbst einen Kenner der Materie erwartet in diesem Buch noch viel Neues.

204 Seiten, 23,1 x 27,2 cm, gebunden
Best.-Nr. 9180
ISBN 978-3-86630-709-4
E-Book ✔ Leseprobe ✔
🌐 vinc.li/9180

Heiko Rech

Grundkurs Möbelbau

Heiko Rech ist bekannt als Blogger und *HolzWerken*-Autor, gibt aber auch seit Jahren Kurse zu allen Themen der Holzbearbeitung. Daher weiß er, wo Holzwerkern der Schuh drückt. In diesem Buch werden Grundlagenkapitel ergänzt mit zwei Bauprojekten, in denen die grundlegenden Arbeitstechniken an konkreten Aufgabenstellungen eingeübt werden. Der Lerneffekt wird durch korrespondierende Videos auf der beiliegenden DVD sinnvoll ergänzt.

- Ein Kapitel zur Werkstattplanung
- Übersicht der Werkstoffe: Holz – Massivholz, Leimholz, Holzwerkstoffe
- Eine sinnvolle Grundausstattung an Handwerkzeugen
- Werkzeuge und ihre Anwendung: Handsägen, Kreissägen, Bandsägen, Stichsägen, Sägeblätter
- Maschinen und ihre Anwendung: Oberfräse, Frästisch und Fräser
- Einführung in das Schleifen und die Oberflächenbehandlung

252 Seiten, 21 x 29 cm, gebunden
Video-DVD (ca. 90 Min. Laufzeit)
Best.-Nr. 9140
ISBN 978-3-86630-726-1
Leseprobe ✔
🌐 vinc.li/9140

Bestellen Sie versandkostenfrei*
T +49 (0)511 9910-033
www.holzwerken.net/shop
* innerhalb Deutschlands

HolzWerken
Wissen. Planen. Machen.

Vincentz Network GmbH & Co. KG *HolzWerken* Plathnerstr. 4c · 30175 Hannover · Deutschland

Noch mehr Werkstattwissen
für Holzwerker

Sandor Nagyszalanczy
Werkstatthilfen selber bauen
Sicher spannen, führen, halten

Welche Vorrichtungen werden benötigt, um Werkzeuge zu führen und Werkstücke zu halten, oder umgekehrt? Dieses Buch bietet Ihnen zahlreiche Anwendungsbeispiele und Anregungen. Die Vielzahl der detailliert bebilderten Lösungen (über 1000 Fotos und Zeichnungen!) ergeben auch einen Blick für eigene Werkstatthilfen. Das Buch versetzt so in die Lage, die grundlegenden Lösungsansätze auf individuelle Probleme zu übertragen.

Aus dem Inhalt:
- Gestaltung Material
- Werkstatthilfen
- Befestigungsvorrichtungen
- Sicherheit

272 Seiten, 23,1 x 27,2 cm, 1077 farbige Fotos und Zeichnungen, gebunden

Best.-Nr. 9154
ISBN 978-3-86630-948-7

E-Book ✓ Leseprobe ✓
🌐 vinc.li/9154

Guido Henn
Handbuch Oberfräse
Auswählen, bedienen, beherrschen

Alles, was man über die Oberfräse wissen muss! Schritt für Schritt erklärt Guido Henn alles Wesentliche zu Modellen, Typen und Fräsern, zu Bedienung und Wartung. Es folgen fundierte Anleitungen zum praktischen Arbeiten mit vielen Beispielen. Auf der beiliegenden DVD zeigt Guido Henn anschaulich und detailliert die Arbeit mit den selbstgebauten Vorrichtungen und Schablonen.

Aus dem Inhalt:
Teil 1: Die Oberfräse und die Fräser
- Die Oberfräse: Modelle und Typen, Bedienung, Wartung
- Fräswerkzeuge und Frässertypen
- Qualitätsmerkmale
- Grundausstattung
- Reinigen und Schärfen

Teil 2: Praktisches Arbeiten
- Die wichtigsten Führungsmittel im praktischen Einsatz
- Selbstgebaute und kommerzielle Vorrichtungen und Schablonen
- Stationäres Fräsen auf dem Frästisch

280 Seiten, inkl. DVD mit ca. 2 Stunden Spielzeit, 23,1 x 27,2 cm, 1244 farbige Fotos und Zeichnungen, gebunden

Best.-Nr. 9155
ISBN 978-3-86630-949-4

Leseprobe ✓
🌐 vinc.li/9155

Manne Krause
Werkstatt-Kurs Holzverbindungen
mit Säge, Beitel & Co.

Manne Krause zeigt in diesem Video-Kurs die wichtigsten traditionellen Holzverbindungen, und stellt diese hier ausschließlich mit Handwerkzeugen her.

Handwerkzeuge haben den Vorteil, dass man besser als mit Maschinen ein Gefühl für den Werkstoff Holz entwickelt. In diesem Sinn ist der Kurs auch eine Einladung, sich mit Werkzeug und Material vertraut zu machen. So lautet die Aufforderung des Autors: Finden Sie Ihre Lieblingssäge!

3 Video DVDs (ca. 240 Minuten Laufzeit) mit Begleitheft (46 Seiten, DIN A4, kart.)

Best.-Nr. 21252
ISBN 978-3-7486-0243-9

Leseprobe ✓
🌐 vinc.li/21252

Bestellen Sie versandkostenfrei*
T +49 (0)511 9910-033
www.holzwerken.net/shop
* innerhalb Deutschlands

HolzWerken
Wissen. Planen. Machen.

Vincentz Network GmbH & Co. KG   *HolzWerken*   Plathnerstr. 4c · 30175 Hannover · Deutschland